JN321431

ひとり分から、ちゃんとおいしい

フレンチの本

平野由希子

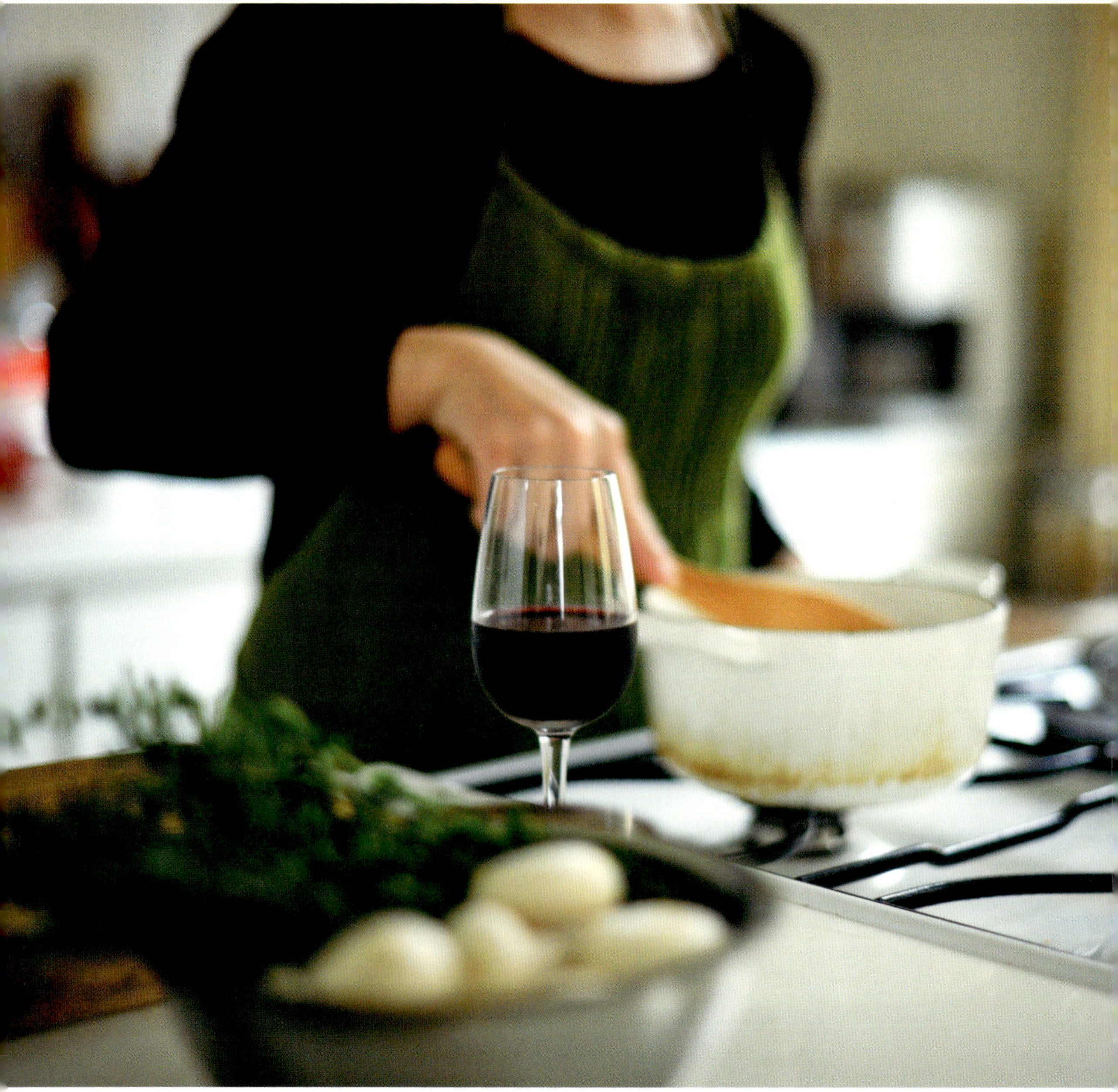

この本は、自分が食べたいものを食べたいだけ、
気ままに作るための料理レシピ集です。
おいしいものが食べたいけれど、
フレンチレストラン、ビストロに行く気になれない。
家でゆっくり食事がしたい時があります。
好きなワインを開けて、のんびりしたい。
でも、ワインがおいしくなるような料理がほしい。
おつまみだけじゃ物足りない。
そんな時にこの本を開いてもらえたら、という思いで作ったレシピです。
フレンチはご馳走やおもてなしのためだけのものではありません。
あれ食べたいな、というひと皿があれば、後はワインとパンがあればいい。
ワインを飲みながら、自分の好きなものだけを作りませんか？
この本には、レストランで食べた方がいいもの、買ってくればそれですむもの、
たっぷり作った方がおいしい煮込み料理などは載っていません。
ひとり分の、自分のためだけに作りたいフレンチのレシピ集です。

平野由希子

006	ひとりのフレンチをおいしくする提案
008	調理器具のこと
009	オイルとヴィネガー

010 Part_1
軽めのひと皿フレンチ

012	Recette 1	長ねぎとハム、チーズのヴィネグレット
014	Recette 2	クミンのキャロットラペ
016	Recette 3	春野菜とはまぐりの鍋蒸し
018	Recette 4	菜の花のブレゼ ポーチドエッグのせ
022		ハーブをひとつ、スパイスをひとつ
024	Recette 5	夏野菜のタルティーヌ
026	Recette 6	甘くないパンペルデュ 焼きトマトとベーコン添え
028	Recette 7	グラタンドフィノアれんこん入り
030	Recette 8	アンディーブのグラタン
032	Recette 9	じゃがいもと鯛のガレット
034	Recette 10	牡蠣のオムレツ
038	Recette 11	夏野菜のプロヴァンス風グラタン
040	Recette 12	茹で鶏といちごのサラダ
042		鶏とハーブでおいしい出汁
044	Recette 13	にんじんと米のスープ
046	Recette 14	きのこのスープ
048	Recette 15	小海老とアボカドと香菜のタブレ
050	Recette 16	マッシュルームとセップのピラフ
052		塩は3種類
054		週末、冷蔵庫の整理でもしてみませんか。

058 Part_2
しっかり食べたいひと皿

060	Recette 17	鶏のクリームソース トリュフの香り
062		ハーブはむしゃむしゃ食べる
064	Recette 18	鶏手羽元とオリーブの煮込み
066	Recette 19	鶏レバーとハツのレーズンソース
067		塩漬け豚を作る
068	Recette 20	塩漬け豚とキャベツのヴィネガー煮込み
069	Recette 21	塩漬け豚と皮つきじゃがいものコンフィ
070		こしょうについて
071		バターのはなし
072	Recette 22	豚肉とりんごの ブルーチーズソース焼き
074	Recette 23	豚のオレンジ&ジンジャーソテー
076	Recette 24	ひよこ豆とひき肉のクスクス
078	Recette 25	赤身肉のステーキ アンディーブソテー添え
080	Recette 26	まぐろとアボカドのタルタル
082	Recette 27	帆立のポワレ 長ねぎソース
084	Recette 28	鱈のラタトゥイユソース
086	Recette 29	白子のムニエル 焦がしバターソース
090	Recette 30	かじきのトマトバターソース
092	Recette 31	鯖のハーブ焼きタプナードソース
094	Recette 32	金目鯛のブイヤベース風
096		マスタードと生クリーム
097		フレンチはワインと一緒に
098		ひとり分レシピを2人分、4人分にするには

ひとり分から、ちゃんとおいしい
フレンチの本

099 **Part_3**
もう一品加えたい、アレンジひと皿

100 *Recette 33* ハムのリエット
Recette 34 ひよこ豆のディップ
Recette 35 アンチョビとバジル入りオリーブ
Recette 36 かぶとラディッシュの塩バター

104 *Recette 37* 焼きかぶ　モンドールのせ
Recette 38 鴨の燻製　ラズベリーソース
Recette 39 ツナとケーパーのサラダ
Recette 40 ブルーチーズとはちみつのタルティーヌ

108 *Recette 41* マロンクリーム
Recette 42 なつめバター
Recette 43 アニス酒風味のアフォガード
Recette 44 いちごのアマレット風味

ひとりのフレンチをおいしくする提案

1 好きなものを好きなだけ

　自分のためならば、好きなものを好きなだけ作ればいいのです。お肉が食べたい時はステーキを焼いてみたっていい。ちょっと高い素材だって、ひとり分ならば手が出せるというもの。今日は贅沢しちゃおうか、という気分でどうぞ。そして、ひとり分の料理は、2人分、4人分の料理に比べて、タイミングや準備がずっと簡単。冷めることも気にならないし、味や栄養のバランスも自分さえよければ構いません。今日、野菜が足りなかったら、明日たっぷり食べよう。そんな日があったっていいと思いませんか。

2 料理は気ままに ワインを飲みながら

　せっかくのひとりフレンチ、作る時間だって気持ちのいいものにしたい。では、どうするか。まずは、おすすめしたいのは、「ワインを飲みながら」料理をすること。ただ、それだけで、こんなに料理することって楽しかったかな、と思えるから不思議。まずはワインを1杯。さて、何を作ろうかと考えながら冷蔵庫を開けてみる。ワインを飲むうちに食べたいものが浮かんでくるはず。

　とはいえ、忙しい日常を送る私たち。お腹がぺこぺこ、ともかく早く何か食べたいという時だってあるはず。そんな時は、チーズでも少し切って、つまみ食い。ワインを飲んでチーズを食べて、ちょっとひと息。さてと、そろそろ料理でもしてみましょうか。

3

おいしい食料品店、パン屋さん、ワインショップがあってこそ

　そんなに頑張って料理する気などありませんよね？週末、腕をふるう時もあるけれど、ひとりのフレンチならば、作りたいな、食べたいな、と思うひと皿で十分。仕事の帰りに行きつけの食料品店に立ち寄って、季節の野菜や気になる調味料、パテやハム。帰り道には少し遠回りをして、おいしいパン屋さんで、今夜のためのパンを買う。そして、あのワインを飲もうとわくわくする。頼りになるお店の存在があれば、ひとりのディナーの準備はとても気楽。

4

ひとりの時こそ、好きな食器やカトラリー

　業務用の白い食器やシンプルなステンレスのカトラリー、デュラレックスのグラス。いつでも飽きない定番ですが、ひとりの時の普段使いにこそ、好きなものを使ってみてはどうでしょう。私は40歳を過ぎてから、普段の食器を一番のお気に入りのもの、銀のカトラリーを使うようにしました。ワイングラスもレストラン仕様のものを使っています。少し上質なものを選ぶと、それだけで味わいが確実に変わります。ひとりだからこそ、銀のフォークの優しい口当たり、ワインの味の変化などにしっかりと向き合えます。それに、食器もカトラリーも使い込むうちに美しさを増していきます。好きなものを使う心地よさ、ひとりでゆっくり味わいましょう。

調理器具のこと

ひとり用の
キッチン道具を考える

　調理道具をたくさん揃える必要はありませんが、4人分用の料理のための鍋やフライパンでは、ひとり分の料理はうまく作れません。色やデザインに惹かれて買ってしまいがちな調理器具ですが、適したサイズであることが何よりも大切。鍋ひとつ、フライパンひとつがあれば、ほとんどのフレンチは作れます。よい道具を選び、それを使い続けることをおすすめします。

どんな鍋と
フライパンを揃えたらいい？

　ひとり分のレシピを作るためには、それに合ったサイズの鍋、フライパンを使うことがとても大切。口径が大きいと、加熱している間の水分の蒸発が多くなるので、煮汁やソースがあっという間に煮詰まってしまうことになります。食材に煮汁がかぶらないということにも。鍋ならば、16cm、18cm、フライパンならば20cm、22cm。小さめサイズの鍋、フライパンはお弁当作りにも重宝します。それに、サイズが小さいと、料理するのも何だか気楽な気がします。

オイルとヴィネガー

オリーブオイル

　フレンチでも一番多く使われるオイルはやっぱりオリーブオイル。くるみ油やヘーゼルナッツの油、ひまわり油などもフレンチでは使いますが、日本の家庭でならば、まずはオリーブオイルから。サラダや仕上げにフレッシュのまま使い、その香りと味を楽しむ使い方と、焼いたり、炒めたり、揚げ物など、調理油としての使い方があります。オリーブオイルは加熱をすると2〜3分ほどで香りがとんでしまうので、加熱にはピュアオリーブオイルやリーズナブルなもので十分。エキストラバージンオリーブオイルは鮮度がとても大切。おいしいからといって、あまり大切に使っていると、古くなって酸化してしまうことも。味のバランスのよいタイプを1本にして、早く使いきることもひとつの方法。

　オリーブオイルも多彩なタイプが手に入るようになりました。使い分けをするのならば、繊細な食材には、味わいの優しいタイプ、力強い食材には、風味の強いオイルを合わせます。

ワインヴィネガー

　ワインから作られたお酢なので、マイルドな風味と酸味が特徴。米酢に比べると酸度が高いので、ヴィネグレットソース（P.12）を作る時には、酢と油を1対4の割合にするのを基本にしています。白ワインヴィネガー、赤ワインヴィネガーがありますが、魚には白、肉には赤という使い分けよりは、風味が強いものを使いたい場合に赤を選ぶ。というくらいのゆるい使い分けで十分。どちらか1本でも構いません。肉を焼いたところに、ヴィネガーを加えて、肉の旨味をこそげ、水少々とバターを加えるだけでヴィネガーソースができます。酸の使い方がうまくなると、フレンチの腕はぐっと上がります。

　シャンパン、シェリー、フランボワーズ、ハーブ風味のヴィネガーなど、さまざまな種類がありますが、それ自体が殺菌作用をもち、長期間の常温保存が可能なので、いろいろなヴィネガーを揃えてみるのも悪くないと思います。

バルサミコ酢

　濃縮したぶどうの果汁を樽熟成して作られたお酢。芳香と甘味があり、ほかのヴィネガーとは少々異なる使い方をします。12年、25年熟成のとろりとした熟成したものはそのまま肉やいちごにかけるソースとなりますが、廉価なタイプのものも煮詰めることで、とろりとした甘味のあるソースに。また、煮込み、肉のソースに使うことで、酸味によりコクと旨味、味の奥行きを加えられます。醤油やバターなどとの相性も抜群です。

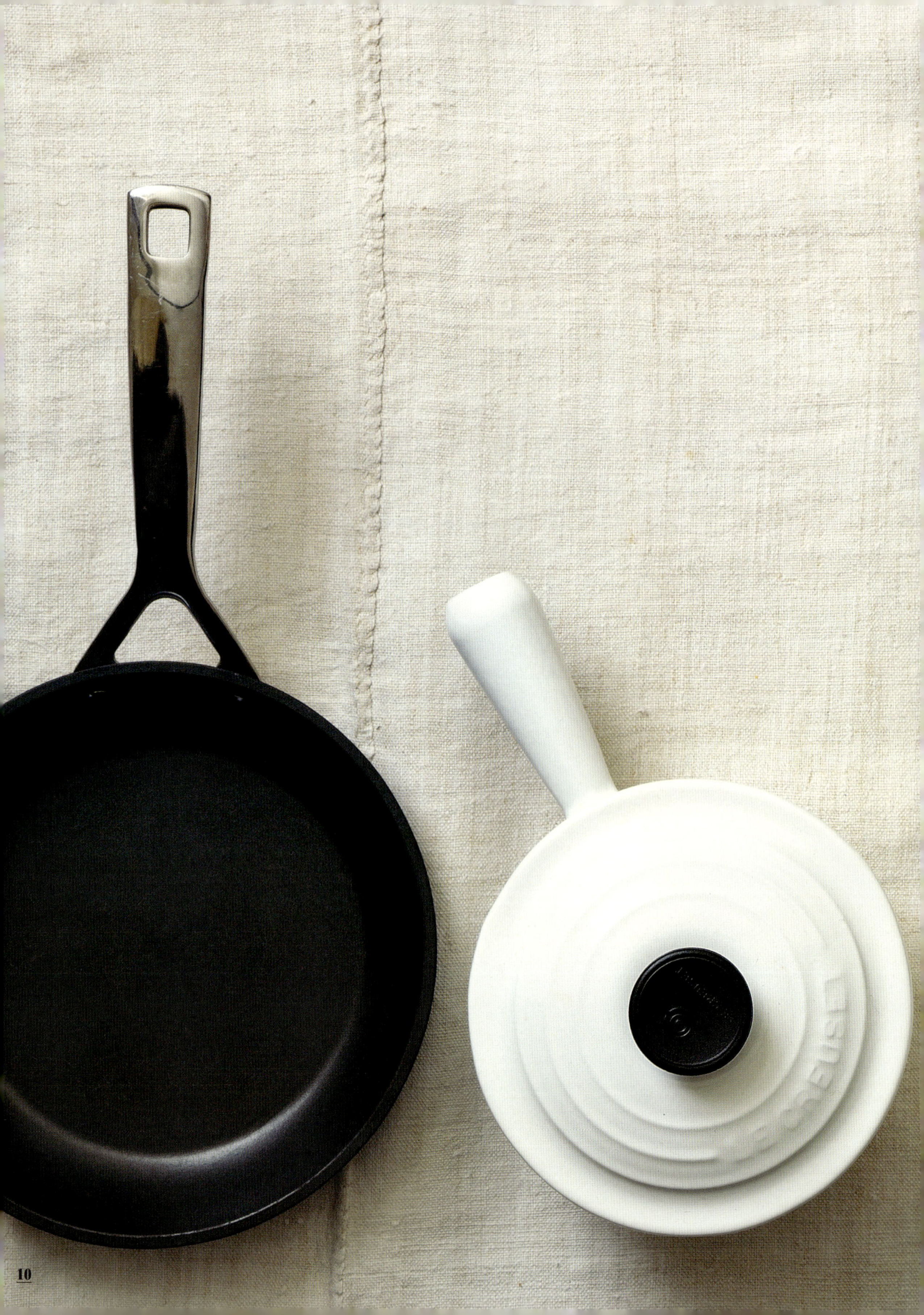

Part 1
軽めのひと皿フレンチ

長ねぎとハム、チーズで作った
フレンチの代表メニュー、ヴィネグレットや、
アンディーブのグラタンなど、野菜中心の軽めのひと皿。
腹ぺこで帰ってきた日にも特急で作れるメニューです。

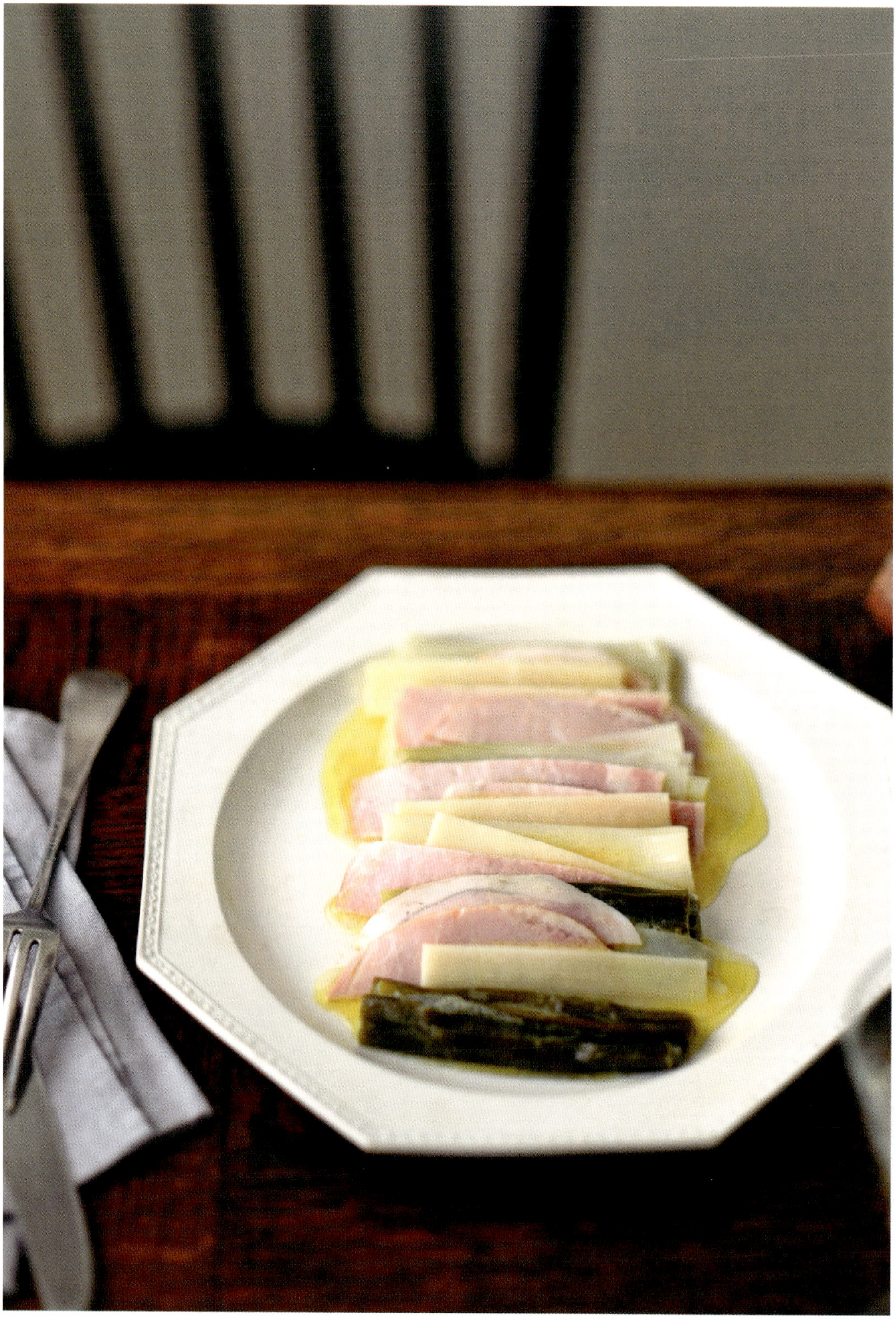

Recette 1

長ねぎとハム、チーズの
ヴィネグレット

ビストロ定番のくったりやわらかなねぎのサラダに
ワインがすすむ素材を加えたら、新しい顔に

♦ 材料（ひとり分）

長ねぎ … 1本
ロースハム … 2枚
チーズ（エメンタルチーズなど）… 30g
A
　オリーブオイル … 大さじ2
　フレンチマスタード … 小さじ1
　ワインヴィネガー … 小さじ1
　塩、こしょう … 少々

作り方

1　長ねぎは7センチ程度の長さに切る。乾いて色が変わっている部分のみ切り落とし、青い部分も全て使う。

2　鍋にねぎの青い部分と水1カップ、塩少々（分量外）を加えてフタをして15分茹でる。白い部分も加えてさらに15分茹で、そのまま冷ます。鍋から取り出し、水気を軽く切る。

3　ロースハムは2センチ幅に切る。チーズもハムと同じような大きさになるように切る。

4　Aを混ぜ合わせ、ヴィネグレットソースを作り、2と3を加え混ぜる。お皿に盛りつける時は、Aのソースとねぎから出る水分をよく混ぜ合わせてかける。

長ねぎの青いところは長めに茹でることで、青ねぎの強い味が甘味に変わる。目安はくったりとして青みが抜けるくらい。中途半端な茹で方ではだめ。

クミンのキャロットラペ

Recette 2

にんじんサラダにひとふりのクミン
スパイシーでエキゾチックなパリの香り

♦ 材料（ひとり分）

にんじん … 1本
クミンシード … 小さじ1/3
A
| オリーブオイル … 大さじ1
| ワインヴィネガー … 小さじ1
| 塩、こしょう … 少々

作り方

1 にんじんは目の粗いチーズおろしでおろす。

2 1、クミンシード、混ぜ合わせたAを合わせる。チーズおろしでおろしたにんじんはすぐにおいしいが、千切りした場合は10分ほどおいてなじませる。

チーズおろしがなければ、千切りになるのでしょうが、仕上がりはずいぶん違う。ラペとは「おろした」の意味。表面がざらっとして、ソースとなじみます。千切りだとしゃきしゃきするので、ちょっと違う印象の料理になります。

Recette 3

春野菜とはまぐりの鍋蒸し

フタを開けるとふわっと漂う、キャベツの甘い香り
ほっとするような春のひと鍋野菜料理

◆ 材料（ひとり分）
はまぐり … 3個
キャベツ … 1/6個分
アスパラガス … 1本
タイム … 2枝
バター … 小さじ1
塩

作り方

1　はまぐりは塩水につけて砂抜きをし、流水で洗う。

2　キャベツは手でざっくりとちぎる。アスパラガスは根元を切り、堅い部分の皮をむき、4等分の長さに切る。

3　鍋に水大さじ3、塩少々、キャベツ、タイムを加えてフタをして蒸し煮する。春キャベツならば3分程度にしてしゃきっと感を残してもいいし、くたっとやわらかくしたい場合には10分を目安に煮る。

4　はまぐり、アスパラガスを加えてフタをし、はまぐりの口が開いたら、バターを加える。味を見て、必要ならば塩を加える。

キャベツは軸や芯の部分も甘みが出ておいしいので捨てずに使いましょう。包丁の背でつぶしてから鍋に入れます。

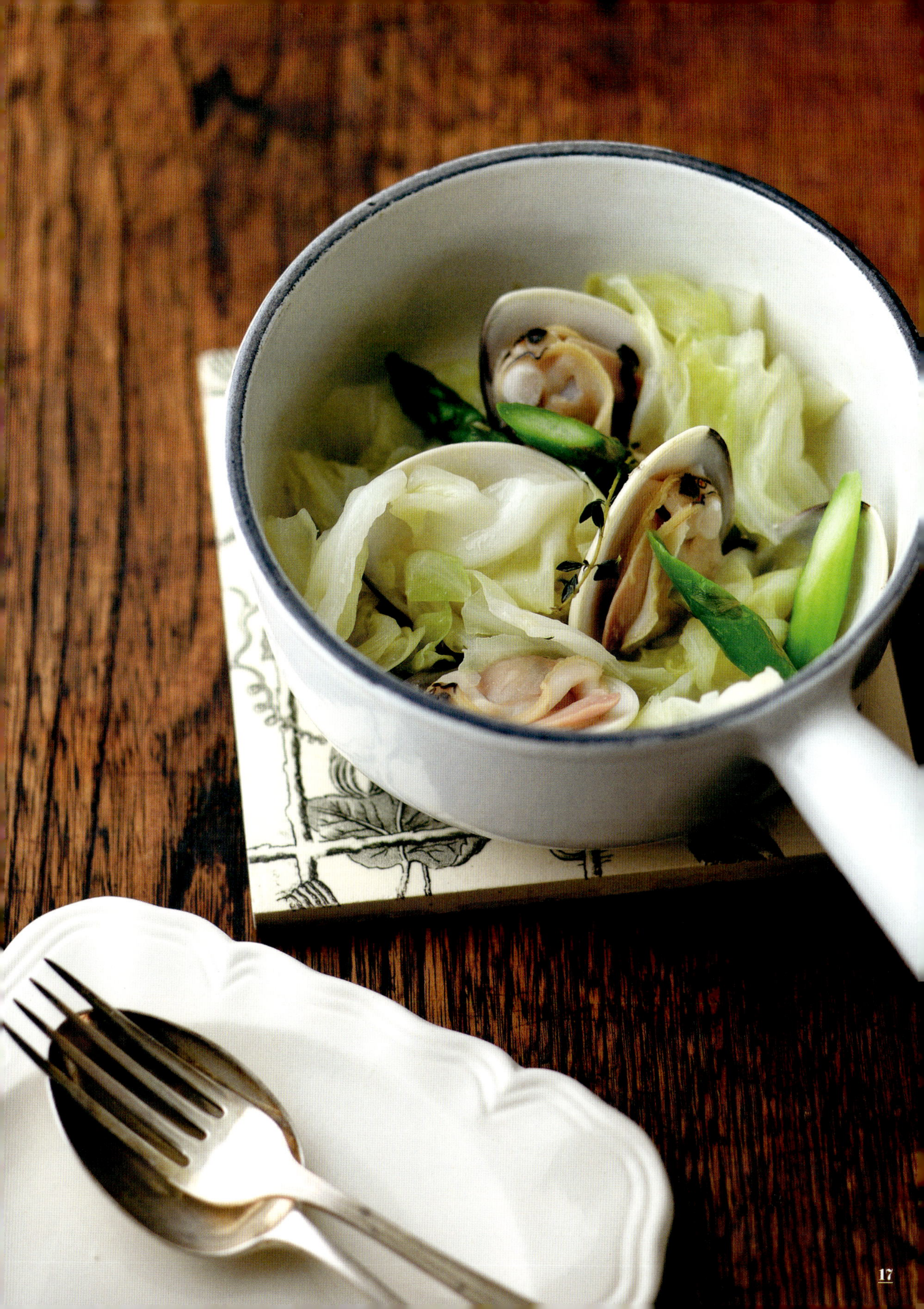

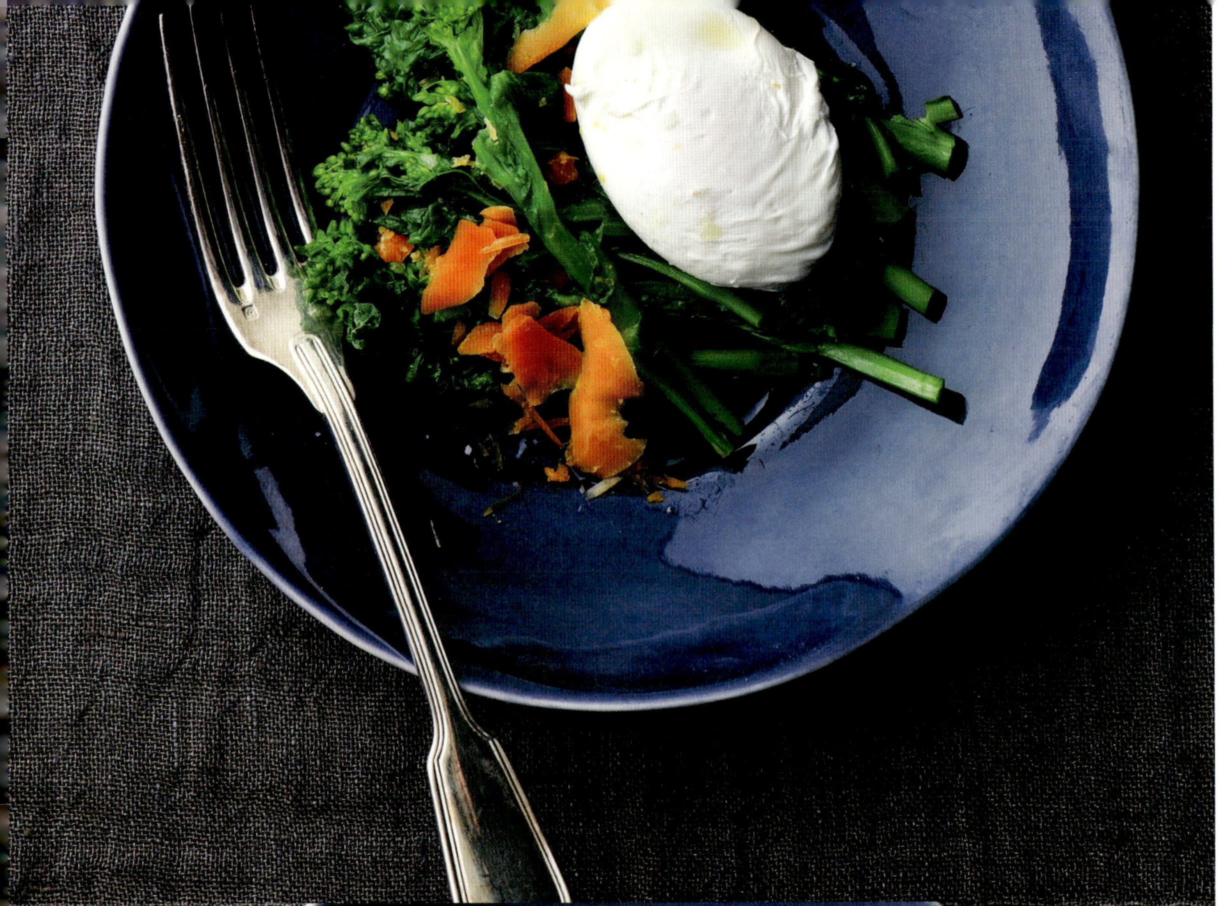

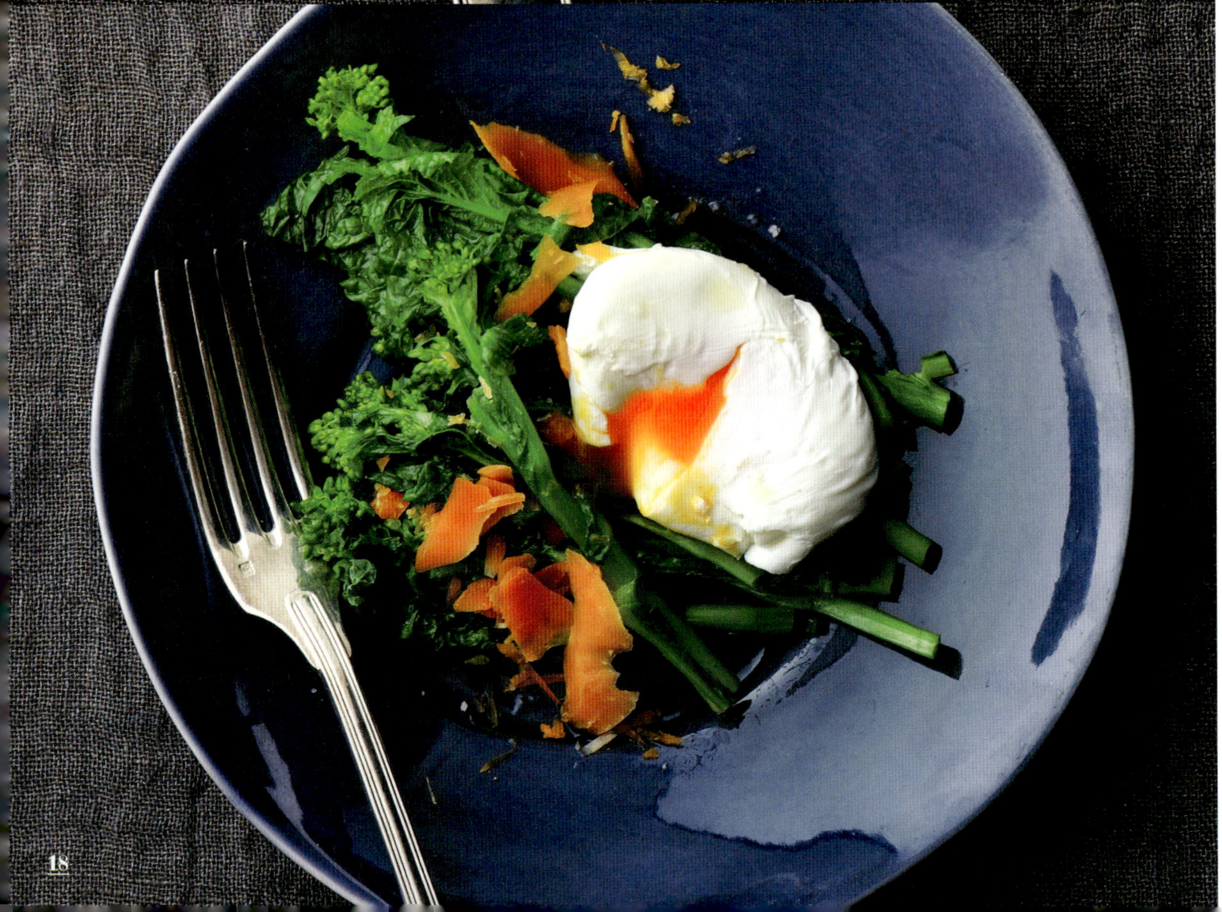

Recette 4

菜の花のブレゼ
ポーチドエッグのせ

"ブレゼ"(蒸し煮)することで、ひと味もふた味も違う
菜の花の味わい。熱々のうちに半熟卵をからめて食べよう

♦ 材料（ひとり分）

卵 … 1個
菜の花 … 1/2束
ミモレットチーズ … 適量
酢、オリーブオイル、塩

作り方

1　ポーチドエッグを作る。小鍋に湯を沸かし、酢をたっぷり加える。水4カップに対して酢大さじ2とかなりたっぷり。酢の効果で卵白が広がらない。これが一番大切。火加減は湯の表面がふつふつするくらいが目安（→P.20-21）。

2　菜の花は根元を少し切り、水につけてしゃっきりとさせておく。鍋に水大さじ3、オリーブオイル、塩少々を加える。煮立ったら、菜の花を加えてふたをして、中弱火で3〜4分蒸し煮にする。

3　熱々の菜の花を皿の上にのせ、ポーチドエッグをのせ、オリーブオイル適量を回しかけ、塩をふる。ミモレットチーズをピーラーで削って散らす。

茹でて水にさらすことの多い菜の花を蒸し煮することで、野菜の味がぎゅっと濃い味わいに。火の通りのために、途中でフタをとって、菜の花を返します。

ポーチドエッグの作り方

Début →

Achèvement!

湯をぐるっとかき混ぜたら、器に割りいれた卵をそっと落とし入れる。卵が浮き上がってくるまで一瞬だけ火を強めたら、すぐに火を弱める。湯の中に対流があるので、触らなくても勝手に丸くなってくれる。卵を好みのやわらかさになるまでゆで、冷水にとったのち、キッチンペーパーの上にとったらポーチドエッグのでき上がり。

Herbe et épice

ハーブをひとつ、
スパイスをひとつ

料理って何が大事って、香りなのです。
そのためにハーブとスパイスは欠かせない存在。
いろんな種類を揃える必要はありません。
つい、いろんなものを揃えてしまっても、使いこなせないのだったら意味がない。
色が悪くなったドライハーブや、香りの飛んでしまったスパイスなら
入れない方がマシということもあります。
まずは、加えるだけでフレンチ度をアップしてくれる、
ハーブとスパイスをひとつずつ。

タイム

　ハーブをひとつ選ぶなら、タイムです。ドライではなく、フレッシュのもの。繊細で爽快感のある香りは、魚介のハーブと言われることが多いですが、もちろん肉にも野菜にもOK。複雑に何種類ものハーブを合わせなくても、これが入っているだけで、フレンチ感が出せます。香りはしっかりとするのに、強くなりすぎず上品。肉1枚を焼く時に、ブワッと山盛りのタイムをのせてもおいしいし、ローズマリーでは強すぎる鯛のような魚にも程よくきいてくれます。主張しすぎないので、スープの香りづけに少し入れたり、そういう使い方もできます。乾燥してしまったら、ドライハーブとして使いましょう。

Thym

Cumin

クミン

　いちばん量を使うスパイスは、クミンです。フレンチのなかでもとりわけ、パリで食べるフレンチは、いろんな国のいろんな要素を取り入れていて、とくに、モロッコやレバノンなどのおいしさを取り入れた、エキゾチックな料理はお手の物。エキゾチックな味はパリの味、そんな風にも言えます。

　クミンの魅力は、ほんのりとした苦みと、スッとした爽快感、そして良い香り。スパイスですが辛みはなく、肉や魚のグリル、サラダやスープに仕上げにひとふりで、エキゾチックに味が決まります。辛いものはワインの邪魔をするのですが、ワインにも合います。ホールとパウダーと種類がありますが、まずはホールからはじめてみては。

24

Recette 5

夏野菜のタルティーヌ

パンに好きな素材をのせて
気ままに楽しむタルティーヌ
色鮮やかな野菜をのせたら、おいしさもとびきり

◆ 材料(ひとり分)

なす … 1/2個
ズッキーニ … 1/4本
ミニトマト … 3個
パン・ド・カンパーニュ … 2枚
パルミジャーノチーズ … 大さじ2
タイム … 1枝(あれば)
オリーブオイル、塩

作り方

1　野菜は5ミリ程度の厚さに輪切りにする。フライパンにオリーブオイル大さじ1を熱し、なす、ズッキーニに塩をふって両面、薄く焼き色がつく程度に火を通す。

2　パン・ド・カンパーニュにオリーブオイル適量を塗り、野菜を彩りよく並べ、タイムの葉をしごいて少量のせ、パルミジャーノチーズをのせてオーブントースターでこんがりするまで焼く。

Recette 6

甘くないパンペルデュ
焼きトマトとベーコン添え

塩味とチーズでこんがり焼いたフレンチトースト
少し遅く起きた朝には、こんな料理でのんびり

♦ 材料（ひとり分）

卵 … 1個
牛乳 … 60cc
パルミジャーノチーズ（おろす）
… 大さじ1
バゲット … 3切れ
ベーコン … 1枚
トマト … 小1個
バター … 小さじ2
ルッコラ … 適量
オリーブオイル、塩、粗挽き黒こしょう

作り方

1 　卵、牛乳をボウルに入れてよく溶きほぐす。塩少々、パルミジャーノチーズを加える。

2 　バゲットを1に10分ほど浸す。卵液をスプーンでパンに何度かかけて中まで染みるようにする。片面5分で返す。

3 　ベーコンは半分の長さに切る。トマトは半割にする。ベーコンは油をひかないフライパンでこんがりとするまで焼く。空いているところにオリーブオイルを熱し、トマトを両面焼き、塩少々をふる。

4 　フライパンをきれいにして、バターを熱し、中弱火でじっくり2を両面焼く。皿にベーコン、トマトとともに盛り合わせ、粗挽き黒こしょうをふる。適当な大きさに切ったルッコラを散らす。

卵液をたっぷり吸い込んだパンは、中までじっくり火を通します。こんがりと焼き、香ばしく仕上げます。厚めにパンを切った場合には、フタをして蒸し焼きに。

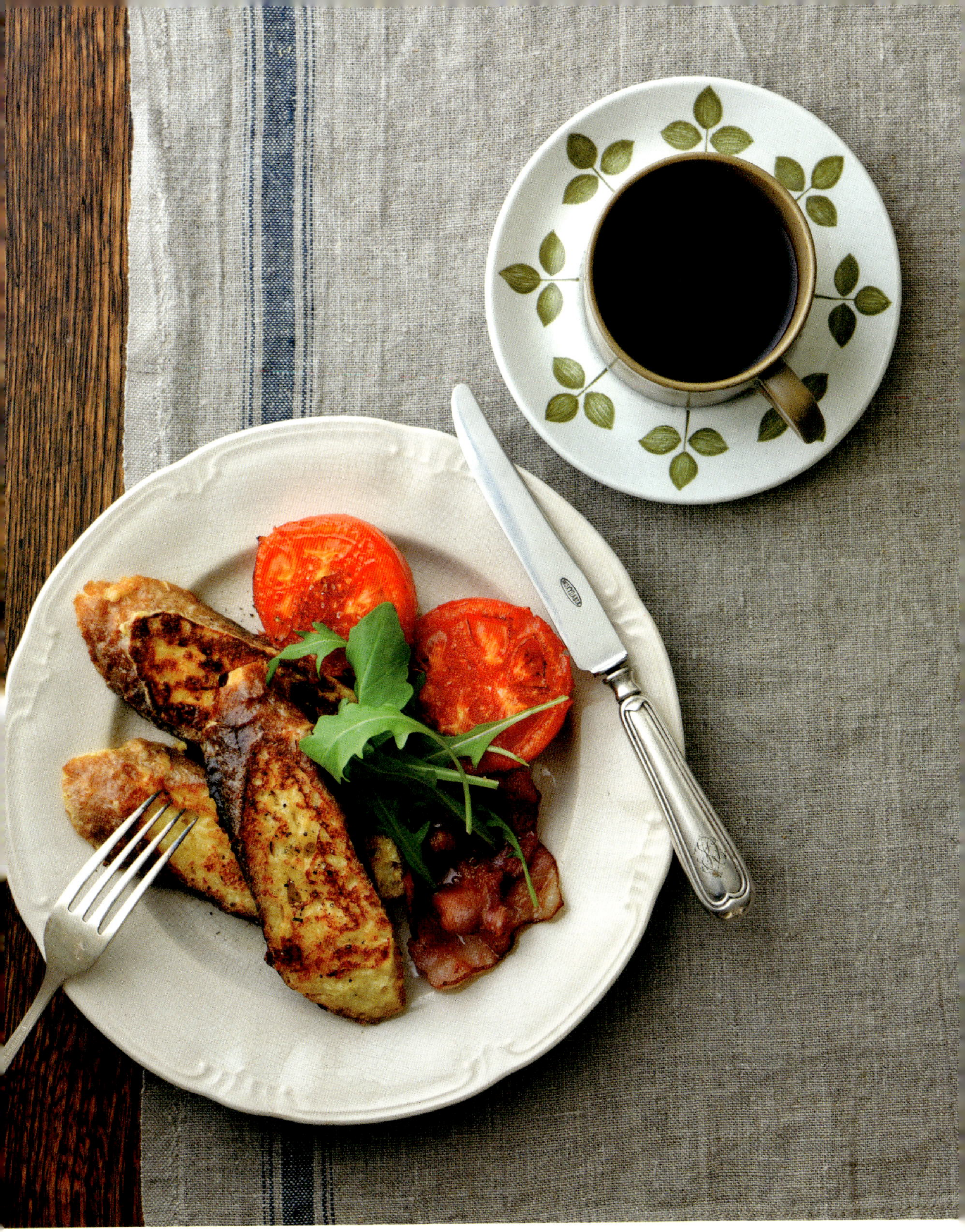

サンドイッチやグラタンなどに使う代表的チーズはエメンタール。ナッツのような風味とマイルドな酸味があり、使う料理を選びません。グリュイエールチーズを使うこともできます。グラタンをリッチな味にしたい時にはコンテを使って少し贅沢に。

Recette 7

グラタンドフィノアれんこん入り

フランスではあまり馴染みのないれんこんを定番グラタンに入れたら
もっちりしゃっきりとした新しい味に

◆ 材料（ひとり分）

じゃがいも … 2個
れんこん … 5センチ分
牛乳 … 3/4カップ
生クリーム … 1/4カップ
チーズ（エメンタール、またはコンテなど）… 30ｇ
ナツメグ、塩、こしょう、にんにく

作り方

1　じゃがいも、れんこんは皮をむき、3ミリ程度の厚さに切る。れんこんのみアク抜きのために5分程度水にさらす（a）。

2　鍋にじゃがいも、れんこん、牛乳、生クリーム、ナツメグと塩、こしょう少々、を加えて煮る（b）。

3　グラタン皿ににんにくの切り口をしっかりとこすりつけ、**2**を入れて、おろしたチーズをのせて200度のオーブンで15分、またはオーブントースターで表面がこんがりとするまで焼く。

じゃがいもはでんぷんをいかしてグラタンソースのとろみづけにするため水にさらさない。

弱火で煮て、じゃがいもにすっと竹串が通るくらいまで煮ます。

Recette 8

アンディーブのグラタン

火を通したアンディーブのほろ苦いおいしさと
チーズたっぷりのとろりとしたソースをひとりじめ

◆ 材料（ひとり分）

アンディーブ（チコリ）… 1個
A
　水 … 大さじ3
　バター … 小さじ1
　レモン汁、塩 … 少々

ベーコン … 1枚
チーズ（エメンタールチーズなど）… 30g
生クリーム … 1/2カップ
白ワイン … 大さじ1
ナツメグ、塩、こしょう

作り方

1　アンディーブは半分に切り、Aの材料を入れてフタをし、弱火で15分蒸し煮する。水気を切り、半分に切ったベーコンで巻く。チーズはおろしておく。

2　鍋に生クリームと白ワインを入れてとろりとするまで煮詰め、ナツメグ、塩、こしょうをし、おろしたチーズの半量を入れる。

3　グラタン皿に1を並べ、2のソースをかけ、残りのチーズをのせ予熱した200度のオーブンで15分、またはオーブントースターでこんがりするまで焼く。

日本ではチコリという名で流通しているアンディーブ。国産のものも手に入るように。切り口を下にして、少し焦げ目がつくくらいを目安に火を通します。

31

Recette 9

じゃがいもと鯛のガレット

じゃがいもの間にしのばせたタイムの香りと
ふっくら蒸し焼きされた鯛で、ワインにうれしいごちそうつまみ

♦ **材料（ひとり分）**

じゃがいも … 大1個
鯛の刺身 … 5切れ
タイム … 1枝
オリーブオイル … 大さじ1/2
塩、こしょう

作り方

1　じゃがいもはスライサーで薄切りにする。じゃがいものでんぷんが必要なので、水にさらさないこと。

2　フライパンにオリーブオイルを熱し、じゃがいもの半量をずらして並べ、塩をふり、鯛のお刺身を並べる。その上に残りのじゃがいもを重ね、タイムの葉をしごいてのせる。フライ返しで押し付けながら、両面こんがりと焼き、仕上げに塩、こしょう少々をふる。

フライパンの形に沿って丸く並べたじゃがいもの上にまんべんなく鯛のお刺身を散らします。鯛の切り身を薄切りにして使っても良いですが、お刺身用なら手軽。

Bon appétit!

牡蠣のオムレツ

Recette **10**

牡蠣から溢れ出るうまみを卵が受け止める
少し強めの塩気としっかり目の火入れがおいしさの鍵

♦ 材料（ひとり分）

牡蠣 … 加熱用 4粒
青ねぎ … 1本分
卵 … 2個
オリーブオイル、バター、塩、こしょう

作り方

1　牡蠣は塩水で何回か水を変えて良く洗う。青ねぎは先端を少し残してみじん切りにする。卵を溶きほぐし、塩、こしょう、青ねぎを加えて混ぜておく。

2　フライパンにオリーブオイルを適量入れて熱し、牡蠣を加えて表面がぷくっとするくらいまで焼き、取りだす。2センチ程度の角切りにして、卵液の中に加える。

3　同じフライパンにバターを熱す。火加減は強めの中火。バターが溶けて、ふわっと立った泡が消えかかったところに卵を加え、かき混ぜて半熟にする。

4　卵の両サイドを折り曲げたら、フライパンの角で形を整える。手を逆手にしてフライパンを持ち、皿の上にひっくり返す（→P.36-37）。器に盛り、青ねぎの先端を飾る。

青ねぎは、小口切りにするとねぎの風味が強すぎる。細かく切ることで、シブレット（英名 チャイブ　フランス料理で使われる芽ねぎのようなハーブ）の代用になる。

■ ワインを合わせるなら……

牡蠣と卵はどちらも合わせるワインを少々選ぶ素材。ブルゴーニュのシャルドネなどから、すっきりめのタイプを。もしくは、シャンパーニュなど泡もので。

オムレツの作り方

Début ⟶

achèvement!

強めの中火の火加減でバターを熱したら、牡蠣を入れた卵液をフライパンへ。ゴムベラで卵が半熟になるぐらいまでかき混ぜる。この時に手を止めてはダメ。ふわふわなオムレツはこのゴムベラでかき混ぜるのがポイント。ゴムベラでフライパンの片サイドに卵液を集めて、逆サイドを折りたたむようにしてかたち作る。裏返す必要はなし。お皿に移すときは、フライパンを逆手で持ち、お皿に向かって倒すだけ。

夏野菜のプロヴァンス風グラタン

Recette 11

ハーブとにんにく、オリーブオイルが香る
南仏らしさいっぱいのシンプル焼き野菜料理

◆ 材料（ひとり分）

玉ねぎ … 1/2個
なす … 1本
ズッキーニ … 1/2本
トマト … 1個
パプリカ … 1/4個
にんにく … 1片
タイム … 適量
オリーブオイル、塩、こしょう

作り方

1　玉ねぎは薄切りする。フライパンにオリーブオイル大さじ1/2を入れて熱し、玉ねぎに塩少々をふって、炒める。

2　野菜はすべて1センチの厚さに切る。フライパンにオリーブ大さじ1を熱し、なす、ズッキーニを塩少々をふって、少なめの油でさっと焼く。にんにくは輪切りにして竹串などで真ん中の芽をとる。

3　耐熱容器に1の玉ねぎを敷き、野菜を彩り良く並べる。輪切りにしたにんにくをのせ、オリーブオイル大さじ1を回しかけ、塩をふり、タイムをのせて予熱しておいた200℃のオーブンで15分、またはオーブントースターで焼き色がつくまで焼く。仕上げにこしょうをふる。

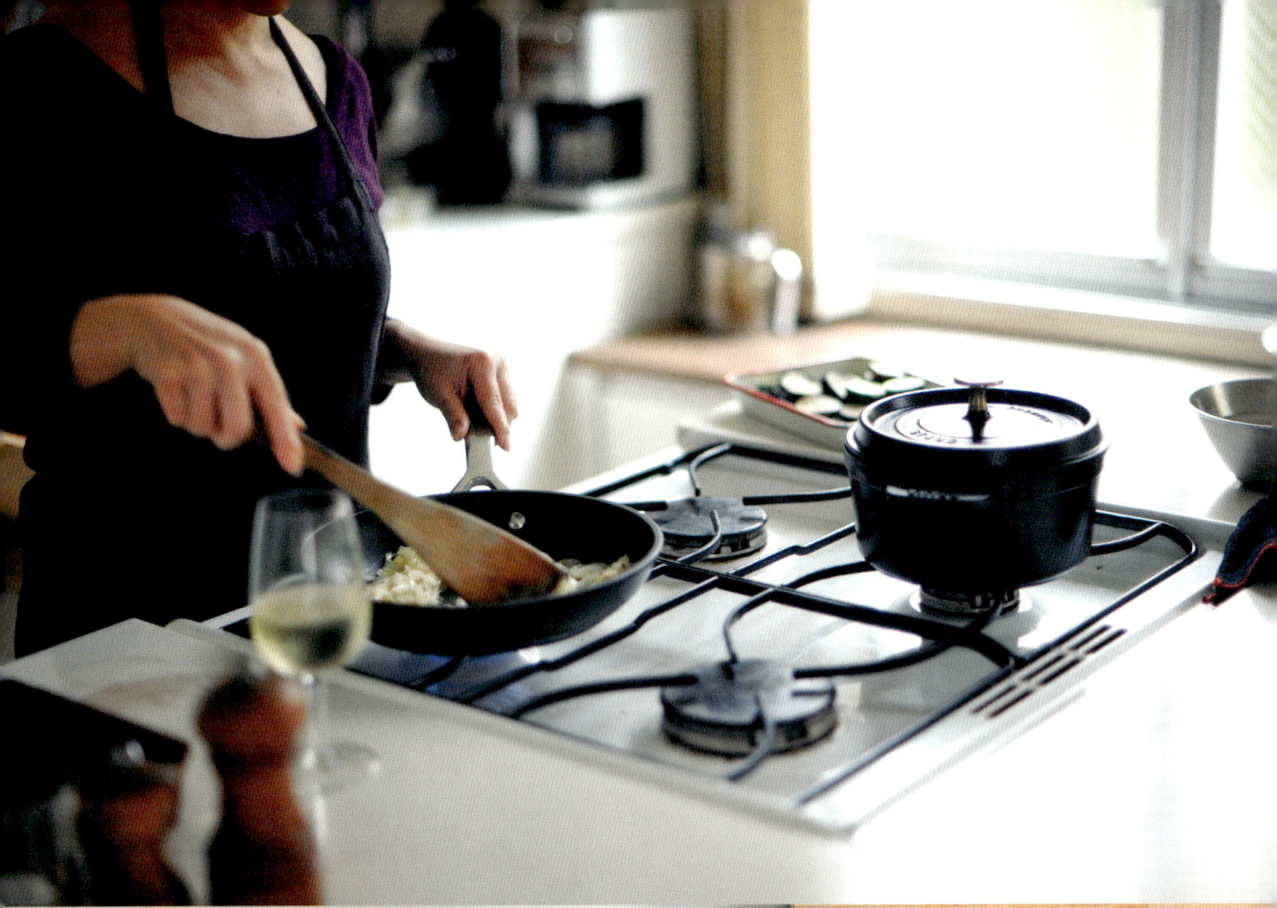

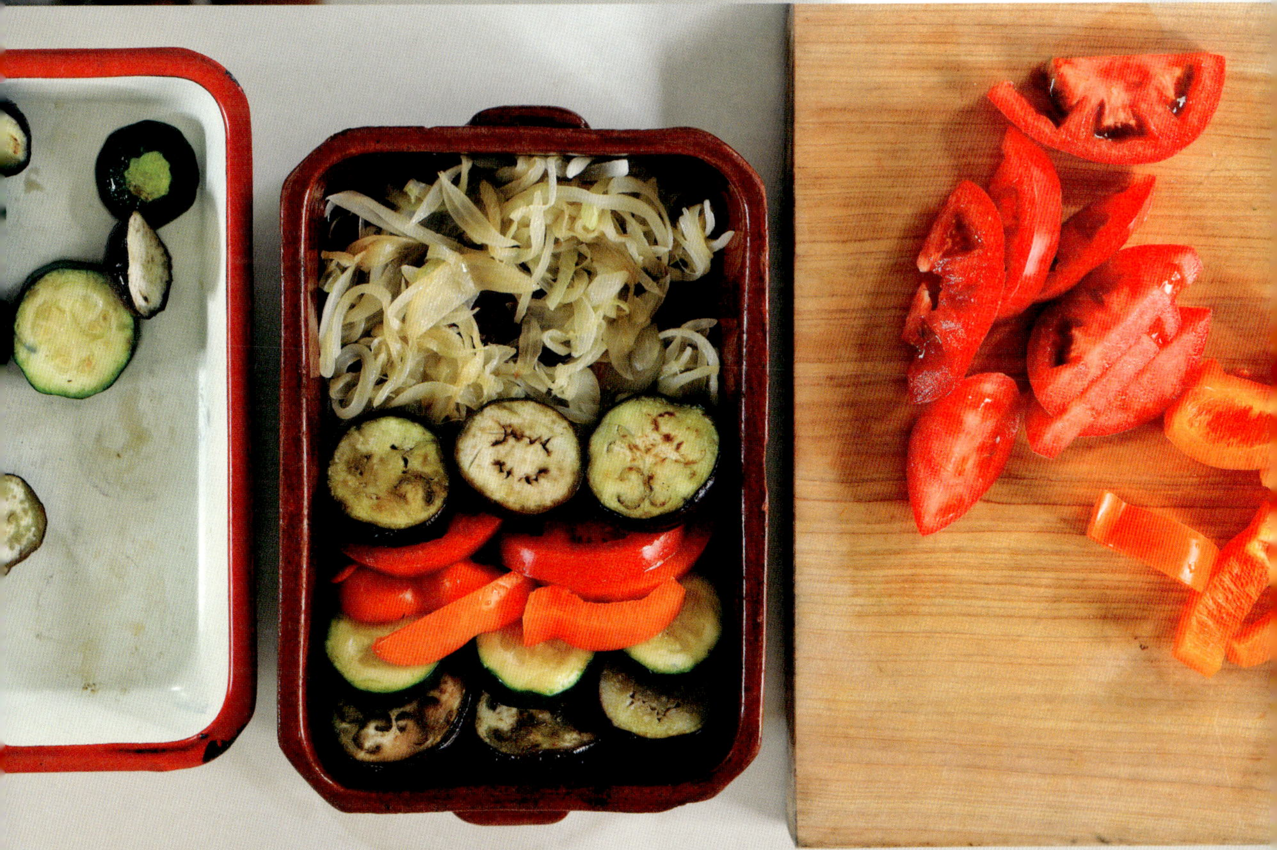

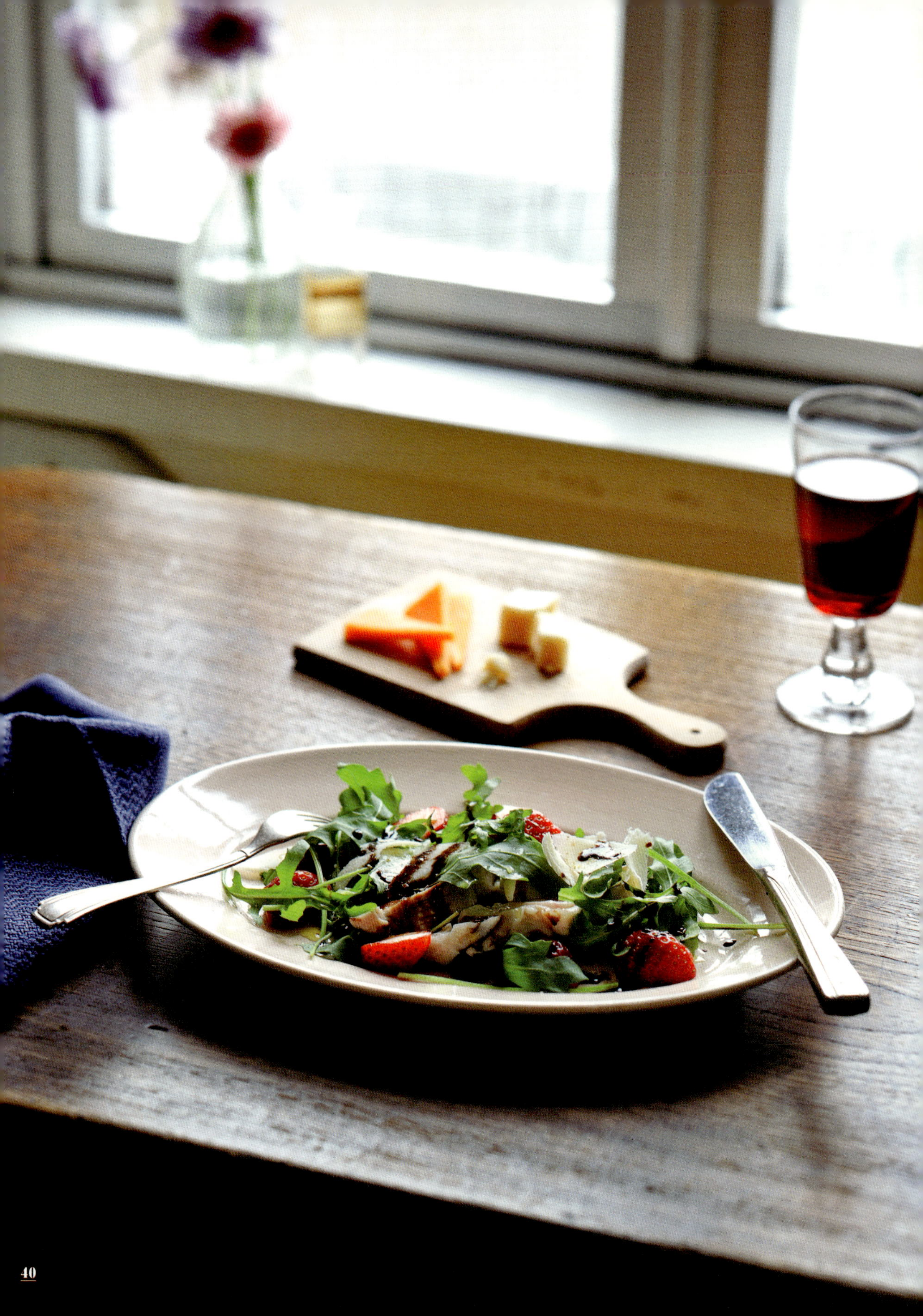

Recette 12

茹で鶏といちごのサラダ

甘くて濃厚なバルサミコソースといちごの組み合わせ
華やかで少しガーリーな、私たちのためのサラダ

◆ 材料（ひとり分）

茹で鶏 … 1/2枚（P.43のレシピ参照）
ルッコラ … 1束
いちご … 3粒
バルサミコ酢 … 大さじ2
パルミジャーノチーズ … 好みで
オリーブオイル、塩、こしょう

作り方

1　茹で鶏は繊維を断ち切るようにして、斜めにスライスする。ルッコラは食べやすい大きさに切る。いちごは半割にして、皿に並べる。

2　バルサミコ酢は小鍋に入れて半量に煮詰める。

3　オリーブオイル適量、2のバルサミコソースをまわしかけ、塩、こしょうをふり、パルミジャーノの薄切りをちらす。

バルサミコ酢は煮詰めることで、深い甘味のあるとろりとしたソースになる。多目に作って保存しておくといい。いちごやチーズにかけたり、肉のソースに。長期間保存できるが、保存すると固まるので、温めて溶かして使う。

🍷 ワインを合わせるなら……
いちご入りのサラダに合うのはルビー色をしたフレッシュなガメイ、ロゼワインなど。

colonne

鶏とハーブでおいしい出汁

スープや煮込み料理などのベースとなる出汁。
鶏とハーブで、本当においしい出汁がとれます。
もうひと味、と思ったとき、固形のブイヨンを使うのをやめてみませんか。

手羽先1本とお茶パック

　スープや煮込みを作る時、香味野菜が数種類入っていたり、肉や魚が入っていれば、調理する過程で素材からおいしい出汁がとれるので、わざわざ固形のブイヨンなどを加える必要はありません。むしろ、せっかくの素材の味を市販の強い味がだめにしてしまうことにもなりかねません。

　ただ、野菜が2〜3種類だけ、出汁のあまり出ない素材で料理をつくる場合には、物足りないと感じることがあります。そんな時には、煮込む過程に手羽先1本、ブーケガルニを一緒に加えます。ただそれだけで出汁を取りながら、スープや煮込みが作れます。

　ブーケガルニはお茶や出汁用のパックに入れれば手軽。ローリエなどの葉っぱ類や、ドライハーブ、ホールスパイスなど、細かいものも入れられます。出汁が取れたあとの手羽先は取り出してもよいし、ほぐしてそのままスープの具にしてもいいです。

茹で鶏のスープ

　フレンチにはフォン・ド・ヴォライユという、家禽類とハーブ、香味野菜で取る出汁があります。茹で鶏を作るときにも、水にハーブと香味野菜を加えれば、その茹で汁が、立派な出汁に。一煮立ちさせて、あとは余熱で火を通すだけ。鶏も出汁もそのまま2〜3日使えます。煮込み料理など、出汁をきかせたい料理のベースにしたり、スープに加えて深みを出したり。市販のチキンブイヨンを入れるのとでは味が格段に違います。茹で鶏は、サラダやサンドイッチに。

茹で鶏とスープ

◆ 材料（作りやすい分量）

鶏むね肉1枚 … 約250g
水 … 適量
香味野菜（セロリ、パセリの軸など適量）
ハーブ（ローリエ1枚、タイム2〜3枝）
粒こしょう … 小さじ1/2
塩 … 小さじ1/2

作り方

1　鶏むね肉に塩をすりこむ。

2　鍋に1と鶏肉がかぶるくらいの水、香味野菜、ハーブ、粒こしょうを入れて中火にかける。

3　煮立ったらアクを取り、フタをして火を止める。30分ほどで火が通る。そのまま冷ますと肉汁がおちつき、しっとりとした仕上がりになる。茹で汁はスープとして使える。このまま2〜3日保存できる。

P.40　茹で鶏といちごのサラダ

Recette 13

にんじんと米のスープ

米でとろみをつけた、にんじんの甘味にほっとするポタージュ
風味づけのコリアンダーは微かなエキゾチックを運んできてくれる

◆ 材料（作りやすい分量）
にんじん … 1本
玉ねぎ … 1/4個
米 … 大さじ2
バター … 大さじ1
水 … 2カップ
鶏手羽先 … 1本
牛乳 … 1/2カップ
ブーケガルニ … 1袋 （P.42ページ参照）
生クリーム、セルフィーユ、コリアンダー
塩、こしょう

作り方

1 にんじん、玉ねぎは薄切りにする。米はさっと洗っておく。

2 鍋にバターを熱し、にんじん、玉ねぎを加え塩をふって、しんなりとするまで炒める。米も加えて透き通るまで炒める。水、鶏手羽先、塩、ブーケガルニを加え、弱火で20分煮る。

3 手羽先を取り出し、それ以外をミキサーにかけてなめらかにする。

4 3を鍋に戻し、牛乳を加えてひと煮立ちさせ、塩、こしょうで味をととのえる。器によそい、好みで生クリーム、セルフィーユ、コリアンダー（ナツメグ、シナモンでも可）を浮かべる。手羽先はそのまま残してスープの具としてもいい。

具材がにんじん、玉ねぎと米だけなので、スープの味が物足りない。そんな時には、手羽先とブーケガルニを一緒に入れて煮てみましょう。具材に火が通る頃には、おいしい出汁がとれています。

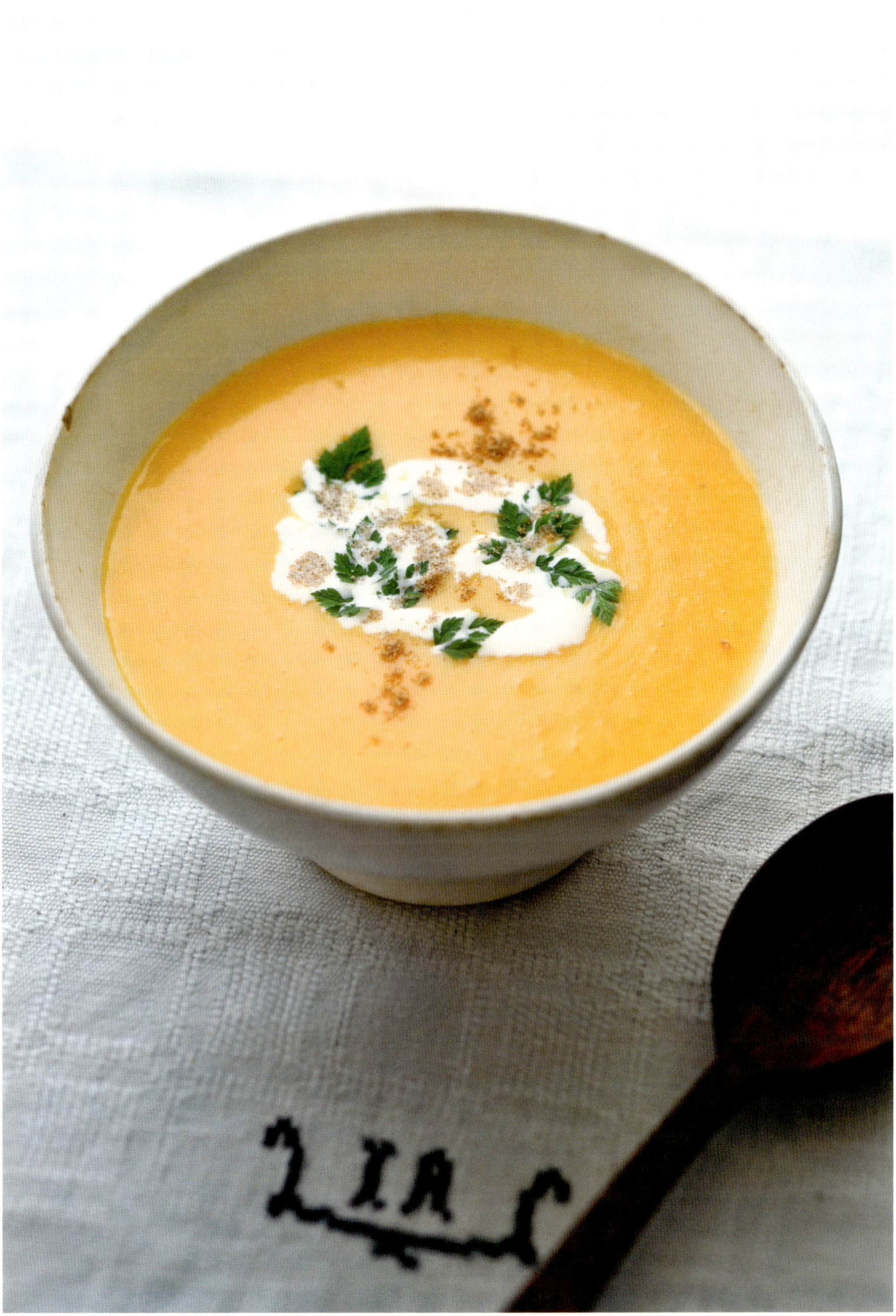

きのこのスープ

Recette 14

滋味あふれる味わいのスープがひと皿あれば、
今夜はきっと少し幸せになれる。ひとりの時間だって楽しくなる

♦ 材料（作りやすい分量）
マッシュルーム … 1パック
しいたけ … 2個
玉ねぎ … 1/4個
ベーコン … 1/2枚
バター … 大さじ1
薄力粉 … 小さじ2
水 … 1カップ
ローリエ … 1枚
牛乳 … 1カップ
塩、こしょう

作り方

1 マッシュルーム、しいたけは石突きを切る。しいたけの軸は縦に割く。マッシュルームは2等分、しいたけは4等分に、包丁で切らずに手で割く。手で割くのは簡単なのはもちろんだけれど、食べ応えのある食感になる。玉ねぎは薄切りにする。ベーコンは1センチ幅に切る。

2 鍋にバターを入れ、玉ねぎをしんなりとするまで炒めたら、ベーコン、きのこ類を加えて塩少々をふって炒め、薄力粉を加えて2分ほど弱火で炒める。

3 水、ローリエを加えて、沸騰したら弱火にし、フタをして15分煮る。

4 牛乳を加えてひと煮し、塩、こしょうで味をととのえる。ミキサーにかけてきのこのポタージュにしても、もちろんいい。

47

小海老とアボカドと香菜のタブレ

クスクスのサラダと大好きな香菜 サラダをドッキング
具材も気ままに、好きなものを好きなだけ

Recette 15

クスクスはセモリナ粉でつくられたパスタの一種。蒸し器で蒸すことも多いのですが、サラダにする場合には、お湯でふやかすだけでも十分。

◆ 材料（ひとり分）

クスクス … 60g
湯 … 60cc
小海老 … 5尾
片栗粉 … 適量
アボガド … 1/4個
きゅうり … 1/4本
香菜 … 1茎
A
∥ オリーブオイル、レモン汁、
∥ ワインヴィネガー … 各大さじ1
∥ 塩小さじ1/3
∥ こしょう少々
オリーブオイル、塩

作り方

1 ボウルにクスクス、湯、塩少々、オリーブオイル大さじ1を加える。フタをして10分蒸らす。Aは混ぜ合わせておく。

2 小海老は背わたをとり、塩、片栗粉でもみ洗いをし、塩を加えた湯でさっと茹でる。ざるにとり、熱いうちにAの半量を加えて、下味をつける。

3 1をフォークでぽろぽろにする。Aの残りを加え混ぜて、冷ます。

4 アボガド、きゅうりは角切り、香菜はざく切りにする。3に2とともに加え混ぜる。

🍷 ワインを合わせるなら……

香菜やきゅうりのような、青い味のする料理には、爽やかなソーヴィニョンブラン、もしくはロゼワインを。

マッシュルームと
セップのピラフ

きのこの香りや味わいを存分に吸った贅沢な米の味
フランス人にはつけあわせのピラフでも私たちにはご馳走になる

Recette 16

♦ 材料（ひとり分）

乾燥 セップ（ポルチーニ）… 5g
マッシュルーム … 6個
鶏もも肉 … 50g
玉ねぎみじん切り … 大さじ1
米 … 1合
バター … 大さじ1
オリーブオイル … 小さじ2
パルミジャーノチーズ … 大さじ1～2
こしょう … 少々
水

作り方

1　乾燥 セップ（ポルチーニ）はざっと洗い、水1/2カップ（分量外）に30分ほど漬けて戻し、粗くきざむ。マッシュルームは3等分にスライスする。鶏もも肉は小さめのひと口大に切り、塩をふる。玉ねぎはみじん切りにする。

2　フライパンにオリーブオイルを熱し、玉ねぎを炒める。透き通ってきたら米も加えてさらに炒め、鍋、または炊飯器に入れる。

3　同じフライパンにバターを熱し、鶏肉を炒める。表面の色が変わったら、セップ、マッシュルームを炒め、**2**の上にのせる。

4　ピラフを炊く。炊飯器の場合、**1**の戻し汁と**3**で水分が出たらそれも加えて、いつもの水加減になるようにする。鋳物琺瑯鍋の場合には、合わせて200ccにする。塩小さじ1/2を加えて中火で加熱する。沸騰したら弱火にして9～10分（倍量つくる場合には、12～13分）炊き、火から外して10分蒸らす。器に盛り、パルミジャーノチーズ、こしょうを加え混ぜる。

フランスのごちそうきのこといえば、セップ。ソテーにしたり、オムレツにしたりして食べる。日本ではイタリア名のポルチーニでおなじみ。

セルファン　　　　　フルール・ド・セル　　　　グロセル

【 塩は3種類 】

　私がいつも使っている塩はゲランドの塩。ブルターニュ地方の西海岸にある1000年以上昔からの伝統的な製法によってつくられた塩。ミネラル豊富な海水を塩田に引き込み、太陽と風だけで、数ヶ月間かけて結晶化させたもの。海、太陽、風からの贈り物です。

　種類は3種。ひとつはフルール・ド・セル 塩の花。塩田の表面にふわりと最初に浮かぶ、小さな塩の結晶です。料理人たちがこぞって使う極上の塩。かりっとした食感も心地よく、繊細な味わい。素材の味を引き立てる特別な塩です。グリル料理や仕上げにふりかける塩として、また、食卓に置いて使います。

　もうひとつはグロセル 粗塩。ゲランドの粗塩は灰色をした粗塩。塩田の海水が夏の間の太陽を浴びてじっくりと濃縮し、底に結晶化したもの。グレーの色はうまみの強さを表しています。煮込み料理、スープや野菜を茹でる時の塩として使います。

　3番目はセルファン 細かい粒の塩。肉、魚の下味、ソースに溶かし込んで使うなど、粗塩ではカバーできない用途に。グロセルを細かくひいて乾燥させたものなので、あらゆる料理に使うことができます。

　この3つを料理によって使い分けます。例えば、素材を茹でる場合には、ひとつかみのグロセルを湯にいれてしっかりと下味をつけて茹でます。ソースにはセルファンで味付け。そして仕上げにはフルール・ド・セルをぱらり。塩を使い分けることで、味のメリハリ、コントラストがつきます。

　そして、塩は味を付けるだけでなく、素材から水分と旨味を引き出し、引き上げる存在。料理の最後に塩、こしょうではなく、どんな風にその料理をつくりたいかで、塩を使うタイミングが変わってきます。例えば、豚肉に塩をしてしばらくおくと、水分が抜けて、肉質がしまります。時間をおけば、熟成をしていきます。一方、上質の牛肉をステーキにする場合には、塩をふってしまうと、肉が固くなってしまうので、調理の前には塩をしません。野菜もしかり。ラタトゥイユや野菜の蒸し煮は塩をふりながら、炒めることで、水分と旨味を引き出していきますが、パリッと仕上げたい炒めものは、最後に塩をします。

　そして、料理の仕上げに加える塩。迷う場合には塩をひとふり。フレンチでは、気持ち塩がきいているくらいの方が味が決まります。

週末、冷蔵庫の整理でもしてみませんか。

せっかく買ったおいしそうな野菜が、冷蔵庫に、まだたくさん残っている。
その存在が気にかかってはいませんか。
そんな時には、野菜スープや野菜の蒸し煮でも、作ってみてはどうでしょう。
ただひたすらに野菜を刻んでいると、無心になれる気がします。
そして、鍋を火にかけて、野菜から立ち上る湯気を眺めていると、疲れている心がふっと楽になったりします。
この一週間にあった、少し悲しかった出来事、思うようにならなかった仕事のこと、
言い過ぎてしまった言葉のやりとり……。そろそろ、忘れることにしてもいい頃かもしれません。
野菜をひたすらに料理していると、自分を愛しく思う気持ちが、きっとまた戻ってきます。

野菜のエチュベ

◆ 材料（作りやすい分量）

- 玉ねぎ … 1/2個
- れんこん … 3センチ
- カリフラワー … 1/2株
- セロリ … 1本
- かぶ … 2個
- パプリカ … 1/2個
- エリンギ … 2本
- コリアンダー（ホール）… 小さじ1/2
- 白ワインヴィネガー … 小さじ2
- 白ワイン … 80cc
- オリーブオイル、塩

エチュベ、とはフレンチの手法で蒸し煮のこと。水や出汁をほとんど加えず、素材が持つ水分と旨味を活かした料理です。野菜を加えるごとに塩をするのが、水分と旨味を十分に引き出すコツ。

作り方

1. 玉ねぎはくし形切り、れんこんは皮を剥き、7ミリ程度の半月切り、カリフラワーは小房に分ける。セロリは筋を取り、1センチ幅×5センチの長さに、かぶは皮つきのまま6等分、パプリカ、エリンギは3センチ角に切る。

2. 鍋にオリーブオイル大さじ1、コリアンダーを入れて弱火にかける。良い香りがしてきたら、玉ねぎ、れんこんを加え、塩をふって炒め合わせ、フタをして2分加熱する。カリフラワー、かぶも加え、塩をふりさらに2分加熱する。

3. セロリ、パプリカ、エリンギを加えて、塩をふり（塩は全量で小さじ1を目安に加える）、軽く混ぜたら、白ワインヴィネガー、白ワインを加える。沸騰してアルコール分を飛ばし、フタをして1分ほど加熱する。かき混ぜて、フタをとって、そのまま冷ます（野菜が堅そうな場合にはフタをして冷ます）。粗熱が取れたら、オリーブオイル大さじ2をまわしかけ、冷蔵庫で保存する。翌日以降、味がなじみ食べ頃となる。3～4日程度保存可能。

étuver

野菜は堅いものから順番に加える。はじめは、玉ねぎや根菜など。次は、もう少し火を加えたいもの。最後には、セロリ、きのこなどさっと火を入れたいものを。ほかに、にんじん、大根、キャベツ、ズッキーニ、ミニトマト、各種きのこ、ヤングコーンなども良く合う。さやいんげんやアスパラガス、ブロッコリーなど緑の野菜を加える場合には、塩茹でをして、冷めたところに加えると良い。この料理は歯ごたえがあるくらいが良いので、余熱で火が通ることを考えて、加熱しすぎないのがコツ。

残り野菜のスープ

◆ 材料（作りやすい分量）

- ベーコン … 1枚
- 冷蔵庫などに残った野菜
  ▼ 例えば
  - 玉ねぎ … 1/2個
  - 長ねぎ … 1/3本
  - にんじん … 1/3本
  - セロリ … 1/2本
  - さやいんげん … 5本
  - じゃがいも … 1個
  - ズッキーニ … 1/2本
  - キャベツの葉 … 2〜3枚分
  - かぶの葉 … 1束分
- オリーブオイル … 大さじ2
- パルミジャーノチーズ … 大さじ3〜4
- 水 … 1ℓ
- 塩、こしょう

玉ねぎは薄切りにする。そのほかの野菜はそれぞれ適当な大きさに切る。2センチ角程度でも良いし、大きめに切ってもいい。大きさを揃える必要は必ずしもない。煮くずれるほどやわらかい野菜もおいしいし、ほど良い歯ごたえのある野菜も、どちらもおいしいもの。ひとつの料理の中でさまざまな味わいが生まれることになるのだから、均一の大きさに切らなくてもいい。

作り方

1 鍋にオリーブオイルを熱し、ベーコンを加えて炒める。玉ねぎに塩をふって、弱火にしてフタをする。時々フタをあけて、かき混ぜる。塩をふることで水分がでてくるので、水分を引き出しつつ、炒める。

2 長ねぎ、にんじん、セロリにも塩をふって同様にして炒める。フタの裏側につく水滴は野菜からのおいしさが含まれている水分なので、鍋に戻す。

3 しんなりとしたら、さやいんげん、じゃがいも、ズッキーニ、キャベツ、かぶの葉を加えて同様に炒める。塩はそれぞれの野菜の水分を引き出すつもりで、野菜を加えるごとに塩をふりながら炒める。塩は野菜の量、水分の煮詰まり具合によるが、炒める塩は全量で小さじ1〜1と1/2を目安に。野菜の量がたっぷりならば、炒めながらしんなりとしたらまた加える、というようにする。

4 野菜がしんなりとして、かさがへるまで8〜10分ほどかけて蒸し煮する。

5 水を加えて、30〜40分フタをして煮る。塩、こしょうで調味し、好みで仕上げにチーズを加える。

soupe

野菜は冷蔵庫にあるものを整理するつもりで。ここでは、たくさんの種類の野菜を使ったけれど、あるものだけで大丈夫。ねぎ、にんじん、セロリは野菜のスープのベースとなる。さやいんげんやかぶの葉などは緑の色が抜けるくらいまで煮ると、歯ごたえのあるおいしさとはまた違う味わいがでる。クレソン、小松菜などを加えてもいい。あれば茹でてある豆を加えるといい。いんげん豆ならば、半分ほどつぶして加えよう。

Part 2
しっかり食べたいひと皿

ここでは、お肉や魚を使った一品を紹介します。
おいしいステーキの焼き方やフレンチのテクニックとして欠かせない
焦がしバターのソースなど、よりおいしく作れるテクニックもぜひ。

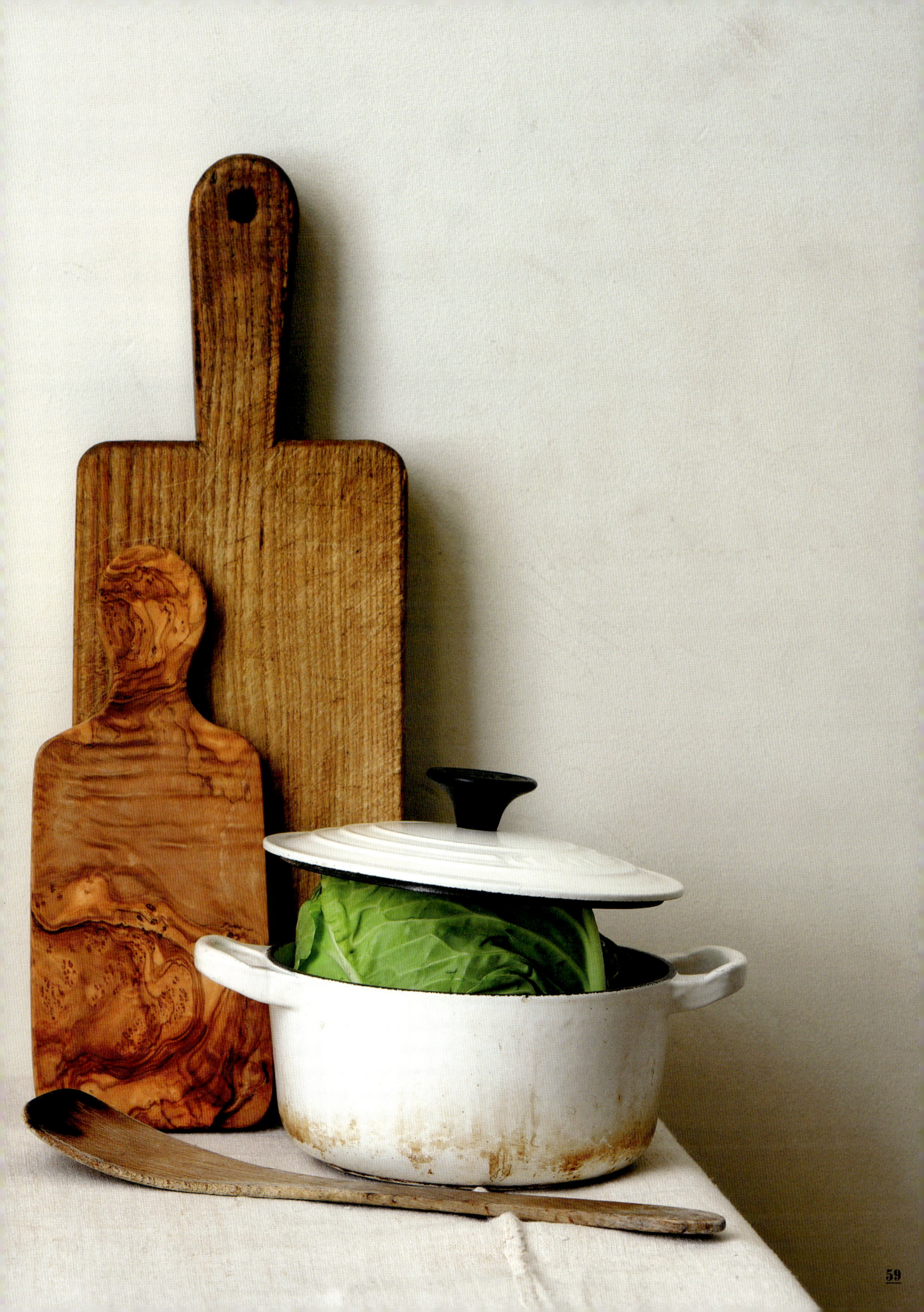

高価で出回る時期が少ないトリュフ。そのトリュフのエキスが入ったオリーブオイルならば、手軽に一年中トリュフの味が楽しめる。きのこ料理全般、オムレツ、卵を使った料理、クリームソースの料理に数滴たらすだけで、いつもの料理が非凡なものに変貌する。

鶏のクリームソース トリュフの香り

Recette 17

フライパンひとつでできるフレンチらしいひと皿
しっとりとした鶏むね肉には、トリュフの香りをまとわせて

◆ 材料（ひとり分）

鶏むね肉 … 1枚
マッシュルーム … 5個
玉ねぎ … 1/8個
バター … 小さじ1
白ワイン … 20cc
生クリーム … 1/2カップ
トリュフオイル … 適量
塩、こしょう

作り方

1. 鶏むね肉はななめ半分に切り、塩少々をふる。マッシュルームは半分に、玉ねぎは薄切りにする。

2. フライパンにバター小さじ1の半分を熱し、鶏むね肉を中火で焼く。皮目に焼き色が薄くついたら、裏返し、表面の色が変わったら一度取り出す。

3. 同じフライパンに残りのバターを加え、玉ねぎ、マッシュルームを入れて塩をふってしんなりとするまで炒める。

4. 鶏むね肉を戻し入れ、白ワインを加えてひと煮たちさせ、生クリームを加える。フタをして7〜8分弱火で煮る。塩、こしょうで味をととのえ、あればトリュフオイル少量を加える。

クリームソースに必要なのは酸味。酸味を加えるのは白ワインの仕事。フライパンの鍋底にある旨味を白ワインに溶かし込み、アルコール分をとばしてから生クリームを加えて煮る。

🍷 ワインを合わせるなら……

クリームソースの料理にはシャルドネが理想的な組み合わせ。樽のニュアンスがあるリッチな白ワイン、サントーバンやピュリニーモンラッシェ、ジュラ地方の黄色みがかった白ワインなどを合わせたら、それはもう至福。

Colonne

ハーブはむしゃむしゃ食べる

　フレッシュのハーブを1パック買っても、ひとり分の調理では使うのはほんのちょっぴり。余ったらどうしたらいいの、という場合は、食べてしまえば良いのです。もちろん、すべてのハーブがたくさん食べるのに向いているわけではありませんが、たとえばディルやセルフィーユは、もともとサラダハーブ。ほろ苦く爽やかな風味のハーブをたっぷり入れたシンプルなサラダは、これにパン、白ワインだけでも軽い食事になりますし、魚料理と一緒に食べてももちろんおいしいです。

　水気を切った葉っぱをボウルに入れ、ハーブをたっぷり。オリーブオイルとヴィネガー、塩、こしょうを好きな味加減になるよう、まわしかけます。ボウルでソースを混ぜ合わせたものと違い、オイルとヴィネガーが均一にならない分、フレッシュでコントラストのある味になります。また、野菜料理の中でもことにサラダは、野菜の水切りが十分でないと、おいしくできません。余分な水分が残っていると、食感も味のからみも悪くなります。サラダスピナーか、なければキッチンペーパーでしっかりと水気を切っておきましょう。

■ ディルと葉野菜のサラダ

◆ 材料（作りやすい分量）

- グリーンカール、トレヴィスなど好きな葉もの野菜
- ディル（ある分だけ）
- オリーブオイル、ヴィネガー、塩、こしょう

作り方

1　葉もの野菜を洗って、十分に水気を切る。

2　手で食べやすい大きさにちぎり、ボウルに入れる。

3　ディルを2のボウルに加え、オリーブオイル、ヴィネガー、塩、こしょうを加えて好みの味加減にし、お皿に盛る。

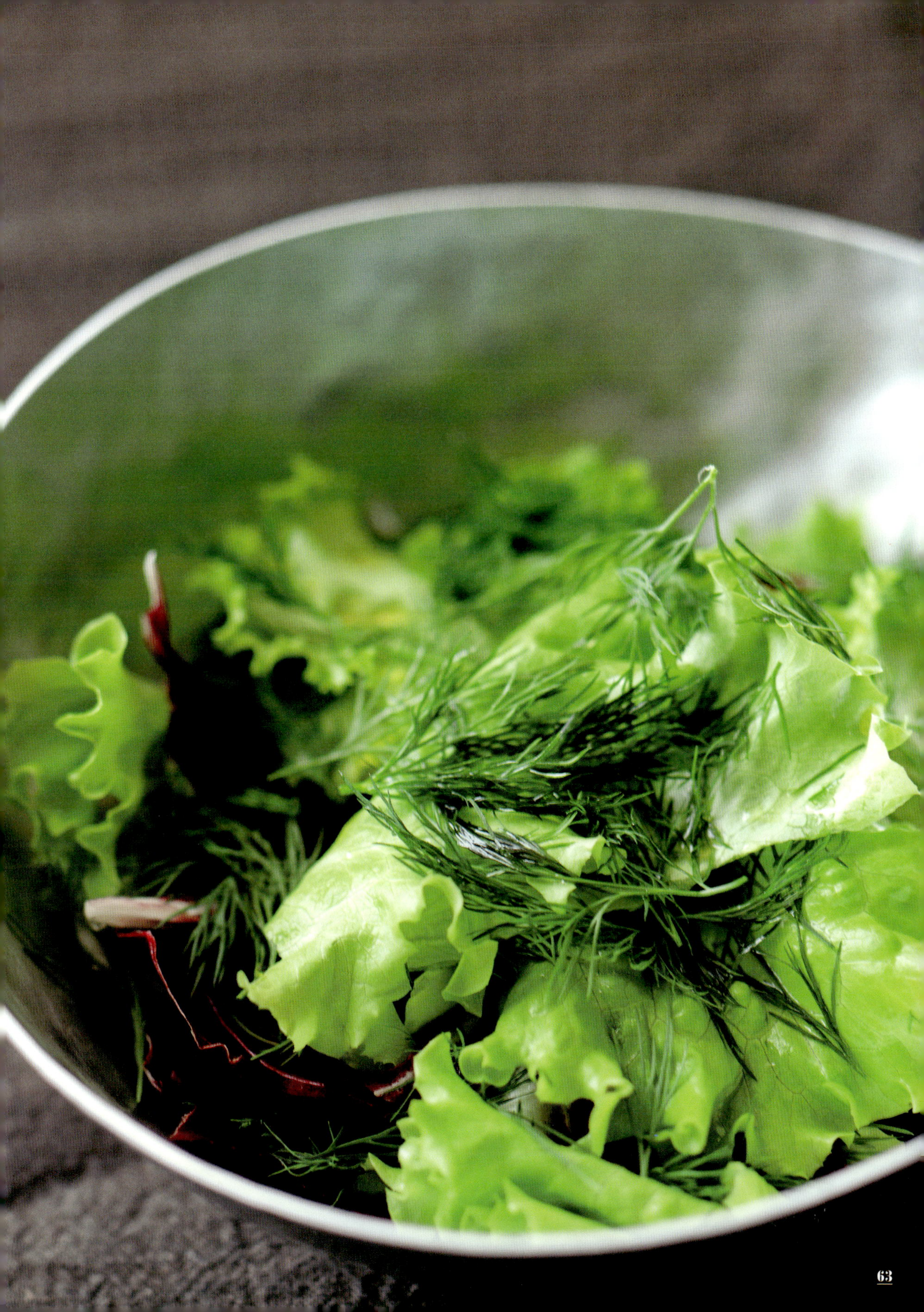

Recette 18

鶏手羽元とオリーブの煮込み

オリーブの漬け汁ごと加えてしまう簡単煮込み
白ワインを加えるだけでぴたりと味が決まるのがうれしい

◆ 材料（ひとり分）

鶏手羽元 … 3本
玉ねぎ … 1/8個
じゃがいも … 1個（インカのめざめなど）
オリーブオイル … 大さじ1
白ワイン … 大さじ2

オリーブ（緑）… 5粒
オリーブの漬け汁 … 1/4カップ
ローズマリー … 1枝
にんにく … 1/2かけ
塩、こしょう

作り方

1. 鶏手羽元は塩をふっておく。玉ねぎは薄切りにする。じゃがいもは皮を剥き、3〜4センチ角に切る。

2. 鍋にオリーブオイルを熱し、手羽元を焼き、焼き目がついたら取り出す。

3. 玉ねぎを鍋に入れて炒め、しんなりしたら、2の手羽元と白ワインを加えてひと煮立ちさせる。オリーブ、オリーブの漬け汁、ローズマリー、にんにく、水1/4カップ（分量外）を加える。沸騰したら火を弱め、弱火で15分煮る。塩、こしょうで味をととのえる。

びん詰めのオリーブの漬け汁そのままを使うことで、ほんのり酸味と塩気、風味が加わります。

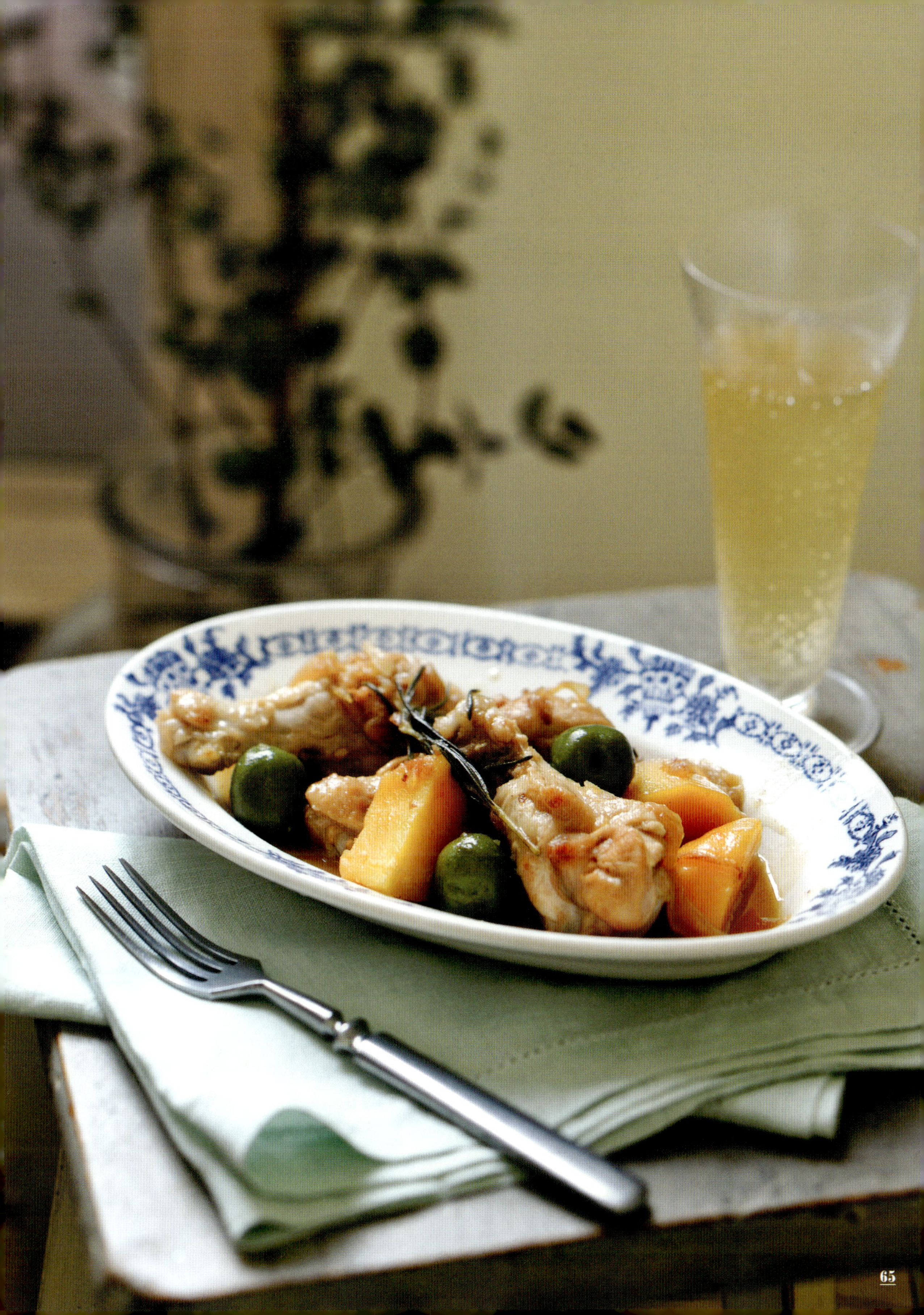

鶏レバーとハツのレーズンソース

Recette 19

強火で表面をこんがり、中はとろりと焼き上げたレバーに
ほんのり甘いソースをからめて食べよう

ソースにバターを加えるのは火を止めてから。冷たいバターを加えて混ぜ込むことで、ソースにとろみがつき、つややかになります。

レバーを水や牛乳に漬ける必要はありません。新鮮なレバーを強火で調理することで、風味よく焼き上がります。牛乳に漬けるとレバーらしさが減ってしまうのが残念。

◆ 材料（ひとり分）

レーズン … 大さじ1
ブランデー … 大さじ2
バルサミコ酢 … 小さじ1
しょう油 … 小さじ1/2
鶏レバーとハツ … 約120g
バター、塩、こしょう

作り方

1　レーズンはぬるま湯（分量外）につけて戻しておく。小鍋にレーズン、ブランデー、バルサミコ酢、しょう油を加えてひと煮立ちさせ、火を止めてバター大さじ1/2を加え混ぜ、塩少々を加える(a)。

2　鶏レバーとハツは切り離す。レバーは半分に切り離す。ハツは縦に割り、中の血の塊をとりだす。水気をよく拭く(b)。塩をふっておく。

3　フライパンにバター大さじ1を熱し、2を強めの中火で焼く。器に盛り、1のソースをかけ、こしょうを適量ふる。

―― Colonne ――

塩漬け豚を作る

　ひとり分では買いづらい、固まり肉。塩で漬ければ3〜4日もつし、塩の漬かり方によっていろいろと料理法を変えて楽しめます。朝に漬けたら、その日の夜から使える塩漬け豚。一日目、二日目は焼いて、3日目は茹でたり、煮たり。普段使いの豚バラ肉に塩を漬けることで水分が抜け軽く凝縮するので、豚が持つ風合いが増し、ワンランク上の味わいになります。

　豚肉の部位は、豚バラ肉や肩ロース肉など脂肪分の高い部位がおすすめ。料理に使いやすく、また、脂身がうま味を増します。ラップに包むか、ジップロックに入れて冷蔵庫で保存します。好みでドライハーブやこしょうをまぶしてもいいでしょう。

　煮込み（P.74）やコンフィ（P.75）はもちろん、茹で豚にしても。茹で汁もおいしいスープになります。ちょっと肉っ気が欲しいなというときにもちょうどいいし、あ、あれが冷蔵庫にある！と思うとうれしくなる存在。豚肉はぜんぶ、塩漬けにしてしまいたいくらい。

■ 塩漬け豚

◆ 材料（作りやすい分量）

・豚 バラ固まり肉 … 300ｇ
・塩 … 小さじ1
・砂糖 … 小さじ1/3

作り方

豚肉に塩、砂糖をすりこみ、保存袋に入れて、3〜4日程度保存可能。翌日以降、出てきた水分は捨てる。

P.74 塩漬け豚とキャベツの
　　　ヴィネガー煮込み

P.75 塩漬け豚と
　　　皮つきじゃがいものコンフィ

塩漬け豚とキャベツのヴィネガー煮込み

Recette 20

肉の旨味を吸い込んだやわらかなキャベツは
クミンの香りとヴィネガーの風味がひきたてる冬の美味

◆ 材料（ひとり分）

塩漬け豚（P.67）… 150g
玉ねぎ … 1/4個
キャベツ … 1/4個
クミンシード … 小さじ1/3
ワインヴィネガー … 大さじ1
白ワイン … 1/4カップ
ローリエ … 1枚
オリーブオイル、塩、こしょう

塩漬けにして発酵させたキャベツを使った料理がアルザス料理にはありますが、キャベツの煮込みに白ワインヴィネガーを加えました。ヴィネガーは加熱することで、酸味がマイルドになり、コクとうまみが加わります。

作り方

1. 塩漬け豚はざっと水洗いし、水気を拭き、2センチの厚さに切る。玉ねぎは薄切り、キャベツは手で大きめにちぎる。軸、芯の部分は軽く包丁で潰しておく。

2. 鍋にオリーブオイル少々を熱し、塩漬け豚を各面焼き、取り出す。

3. 鍋にクミンシードと玉ねぎを加えて炒め、しんなりとしたら、2の塩漬け豚を戻し入れ、キャベツ、ワインヴィネガー、白ワインを順に加えてひと煮立ちさせる。水1/4カップ（分量外）も加えてフタをして20分煮る。仕上げに塩、こしょうで味をととのえる

塩漬け豚と皮つきじゃがいもの
コンフィ

Recette **21**

厚手の鍋でじっくりゆったりと料理された
こんがりじゃがいもと豚肉の至福のコンビ

◆ 材料（ひとり分）
塩漬け豚（P.67）… 150g
じゃがいも … 2個
（インカのめざめなど）
オリーブオイル … 小さじ2
にんにく … 1片
ローズマリー … 1枝
粗挽き黒こしょう、マスタード

作り方

1　塩漬け豚はざっと水洗いして、水気を拭く。4等分に切る。じゃがいもは皮つきのまま4等分にする。

2　鍋にオリーブオイルを熱し、豚肉を各面焼く。じゃがいも、皮つきのままのにんにく、ローズマリーを加えて弱火で20分ほど蒸し煮にする。途中でフタを開けて、じゃがいもが鍋底に接している面を変えるように、何度か混ぜる。

3　粗挽き黒こしょうを仕上げに適量ふる。食べる時は、マスタードを添える。

こしょうについて

　塩とこしょうはついセットにして考えてしまいがちですが、そうではありません。肉の下味には、塩とこしょうをするものとされていますが、肉の臭みを消すという目的でのこしょう使いを私はしません。輸送が悪かった時代にはそうした使い方がされていましたが、今は、こしょうの香りを付けるというように考えます。こしょうは挽き立てが一番香りがよいので、私は下味には塩のみ、仕上げに少量のこしょうを使います。数種類の野菜を炒め煮する時は、野菜を鍋に加えるたびに塩を加えますが、目的は水分を引き出すことなので、こしょうを一緒に使うことはしません。

　それに、こしょうは全ての料理に使うものではありません。鯛や平目のような繊細な味わいの魚にはこしょうの味は必要ないと思います。調理用や味付け、ソースによりますが、卵にしても、野菜にしても、使わない料理は実はとても多くあります。

　こしょうは、白、黒の粒を料理に応じて、挽き方を変えて使います。白い素材のものには、白こしょう。粗挽きの黒こしょうは味がとても強いので、使い方を間違えると、料理の味が台無し。すべてその味になってしまいます。例えば、牛の赤身肉のステーキには粗挽き黒こしょうが定番の使い方。ですが、霜降りの肉や子牛肉のような繊細な風味のものには、黒こしょうでも細挽きにしたり、白こしょうを使うこともあります。

　こしょうはとても身近な存在のスパイスですが、おろそかにされがち。ふりかける必要があるかどうか、その種類、挽き方で良いのか、考えてから使ってみてください。

Beurre

【バターのはなし】

　バターには無塩、有塩があります。(フランスにはドゥミ・セルという中程度の塩辛さのものもあります)。お菓子作りには無塩バターを使い、料理には有塩という使い方が日本の家庭では一般的かもしれませんが、料理にもお菓子にも料理人は基本的に無塩を使います。少量のバターしか使わないレシピならば、有塩バターで代用できますが、ソースをつくる場合には、無塩バターを使う方が無理なくつくれます。有塩バターはむしろ、パンを食べる時のためのもの。ブルターニュ産のボルディエなど、塩気のきいたバターの味わいは、たまらないおいしさです。

　バターは焼いたり炒めたりする油脂としての役割だけでなく、ソースの主材料として、また料理の仕上げに甘味、とろみ、こくを与えるために使います。たとえば、白ワインを煮詰めたソースは強い酸味をもっていますが、そこにバターを加えて乳化させることで、マイルドな酸味のとろりとしたソースになります。フランス料理では、酸味がポイントになりますが、その酸味をやわらげるのは、砂糖ではなく、バターやクリームなどの油脂です。

　肉や魚を焼く時にバターを使うことで、こんがりとした焼き色がつき、風味がつきます。バターはオイルに比べて沸点が低いので、焼き色がつきやすいのですが、焦げやすい場合にはオイルと混ぜて使います。

　また、ソースをつくる時の大切なテクニックのひとつにバターを焦がすことがあります。フランス語ではブール・ノワゼット(ヘーゼルナッツバター)といい、黄金色になるまで加熱をして風味をつける方法です。フィナンシェのあの香り高い風味はこの焦がしバターによって生まれます。きつね色になって、香ばしくなったところに、レモン汁やヴィネガーを加えます。溶かしたバターはミルク風味で、ふんわりとしたおいしさですが、焦がしバターは香ばしく、くどさを感じません。大切なのは、そのタイミング。焦がしバターといいますが、焦がしてはいけません。きつね色に加熱させたら、そこで加熱をストップすることが大切。バターは加熱しているとふわっと泡立ち、その泡が消えてきますが、そのタイミングを逃さず、即座に素材や調味料を加えて、それ以上焦がさないようにします。私はオムレツを作る時にもバターを焦がして風味をつけます。

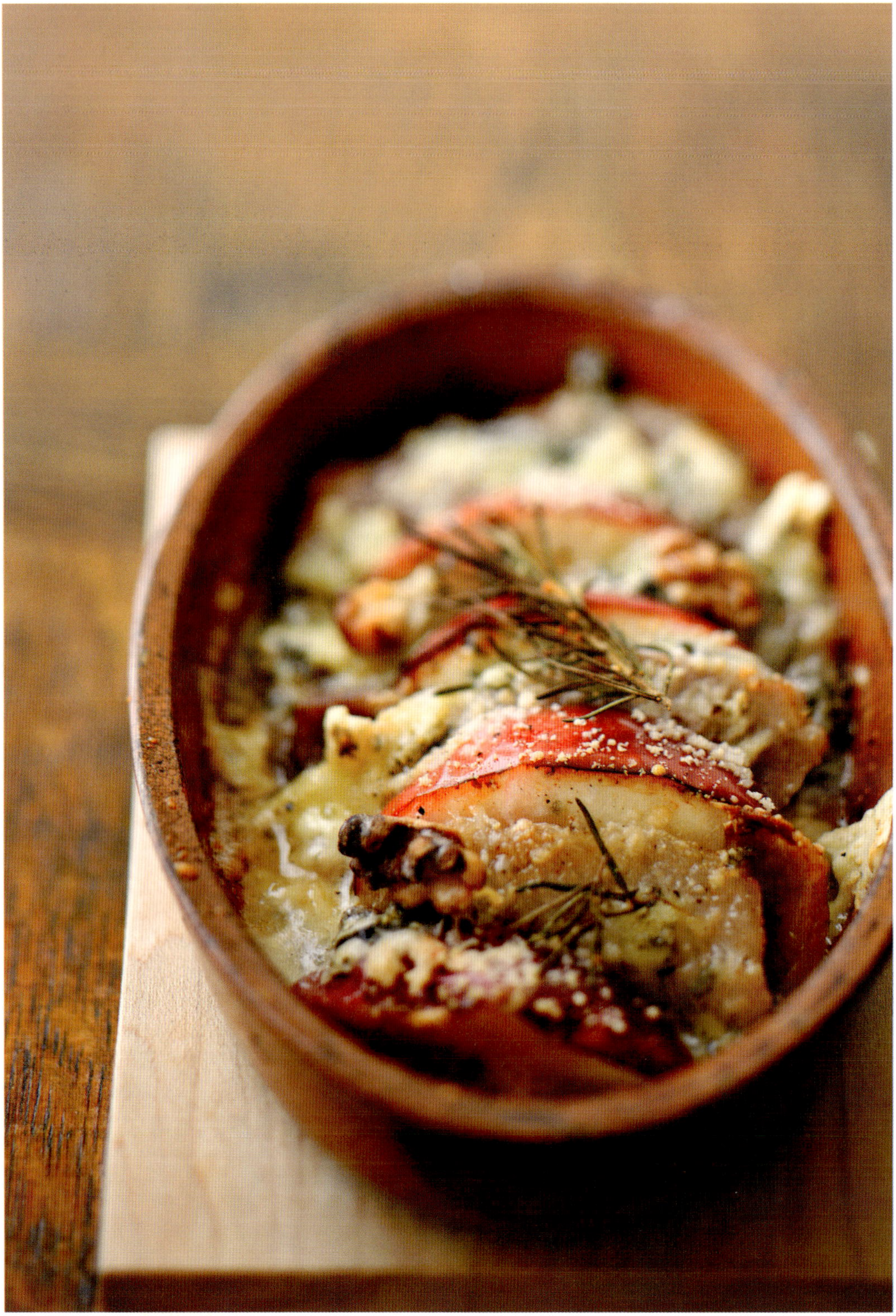

Recette 22

豚肉とりんごのブルーチーズソース焼き

切ってのせて焼くだけなのに
甘酸っぱくて塩気の効いた、ワインにうれしいひと皿に

◆ 材料（ひとり分）
豚肩ロース肉 … 1枚
りんご … 1/2個
くるみ … 2粒
ブルーチーズ
（ブルードーベルニュなど）… 30g
パルミジャーノチーズ（おろす）… 20グラム
ローズマリー … 1枝
塩、こしょう

作り方

1 豚肩ロース肉は1枚を4等分に切り、塩をふっておく。りんごは皮付きのまま4等分に切る。くるみは1粒を3〜4個程度に割る。

2 耐熱皿に1の豚肉とりんごをのせ、ブルーチーズを手でほぐしたもの、おろしたパルミジャーノチーズ、くるみ、ローズマリーをのせ、200度のオーブンで20分焼く。こしょう少々をふる。

レシピに使用したブルードーヴェルニュはオーベルニュ地方のチーズで、ロックフォール、フルムダンベールと並び、フランス三大ブルーチーズのひとつです。青カビらしい風味と塩気がしっかりあり、値段も品質の割には比較的手頃なので、調理にも向いています。

🍷 ワインを合わせるなら……

モルゴンなど軽めの赤ワイン。しなやかなメルローなど。オレンジ、しょう油の組み合わせは赤ワインによく合います。白ワインならば、アルザスのリースリング、ロワールのシュナンブランなどを。

豚のオレンジ＆ジンジャーソテー

Recette 23

ほんのりとしたジンジャーはオリエンタルな風味
オレンジの香るフランス風の豚の生姜焼き

◆ 材料（ひとり分）

豚肩ロース肉 … 1枚
オレンジ … 1個
オリーブオイル … 小さじ1
白ワイン … 20cc
オレンジマーマレード … 小さじ2
しょう油 … 小さじ1/2
おろししょうが … 小さじ1/3
バター、塩、こしょう

作り方

1. 豚肩ロース肉は筋を切り、塩少々をふる。オレンジはスライス1枚分を残し、残りは絞る。

2. フライパンにオリーブオイルを熱し、オレンジスライスを両面焼き、取り出す。

3. 同じフライパンにバター小さじ1を加え、豚肉を中火で焼く。表面に焼き色がつき、8割程度火が通ったところで、取り出しておく。

4. フライパンの余分な脂をキッチンペーパーで吸い取る。

5. 白ワイン、または水を加えてフライパンの底の旨味を溶かし込む。ひと煮たちしたら、オレンジ果汁、マーマレード、しょう油、おろししょうがを加えて煮詰める。豚肉を休ませていた時に出た焼き汁を加えて温める。器に豚肉をのせる。火をとめてバター小さじ2を加え混ぜ、こしょうを加える。

6. 豚肉の上にオレンジをのせ、5のソースをかける

肉を焼いた油は焦げて酸化しているので、必ず取り除くこと。フライパンの底についている旨味はソースに使うので、フライパンを傾けて油だけをキッチンペーパーで吸いとって。白ワインを入れてフライパンを熱して、煮詰めながら焼き汁を木べらっでこそげ取ってから、オレンジ果汁やしょうがを加える。

ひよこ豆とひき肉のクスクス

Recette **24**

モロッコ風煮込みは3種のスパイスで完成
クスクスはあっけないほど調理が簡単なひとり分料理の味方

◆ 材料（ひとり分）

玉ねぎ … 1/4 個
にんにく … 1/2片
なす … 1本
赤唐辛子 … 1本
牛ひき肉 … 100ｇ
クミンシード … 小さじ1/3
トマト水煮缶 … 1/2缶
A
　コリアンダー、パプリカ（パウダー）… 各小さじ1/3
　こしょう … 少々
　ローリエ … 1枚

ひよこ豆（水煮、蒸し煮の缶詰など）
… 80g
クスクス … 80ｇ
バター … 大さじ1/2
香菜 … 適量
アリッサ（あれば）… 適量
オリーブオイル、バター、塩

ひき肉はほぐさずに、動かさないで焼きつける。ほぐして炒めてしまうと、焼き色がつかないが、ひき肉を平らな面にして焼くことで、ひき肉に焼き色、フライパンの底にもうまみの焼き汁が残る。

作り方

1 玉ねぎは薄切りする。にんにくはみじん切り、なすは輪切りにする。赤唐辛子は半分に切って種を取る。

2 フライパンにオリーブオイル小さじ1を熱し、牛ひき肉を加えてほぐさずに固まりのまま入れて、両面焼きつけて取り出す。

3 同じフライパンにオリーブオイル大さじ1、にんにく、赤唐辛子、クミンシードを加えて香りがでてきたら、玉ねぎを加えて炒めるしんなりしたら、なすも加えて炒める。なすに焼き色がついたらひき肉を戻し入れて、軽くほぐしながら炒める。

4 トマトの水煮缶をつぶして加え、水1/2カップ（分量外）、塩、A、ひよこ豆を加えてフタをして20分煮る。

5 ボウルにクスクス、オリーブオイル小さじ1、塩少々、熱湯を80ml（分量外）加えてよく混ぜ、フタをして10分蒸らす。フォークでよくほぐす。フライパンにバターを熱し、弱火で2分ほど炒める。

6 クスクスに4をのせて食べる。香菜のざく切り、あればアリッサ（唐辛子とスパイスのペースト）を添える。

赤身肉のステーキ
アンディーブソテー添え

キャラメリゼされたほろ甘苦いアンディーブは
フリットに負けない、ステーキには最高のつけあわせ

Recette 25

◆ 材料（ひとり分）

牛フィレ肉　または　ランプ肉 … 1枚約150g
牛脂 … 適量
アンディーブ（チコリ）… 1個
バター … 大さじ1/2
レモン汁 … 少々
砂糖 … ひとつまみ
塩、粗挽き黒こしょう

作り方

1　牛フィレ肉またはランプ肉は焼く30分前に冷蔵庫から出しておく。焼く直前に塩を小さじ1/3弱ふる。

2　フライパンに牛脂を熱し**1**を入れ、中強火で焼く。

3　焦げ色がついたら、ひっくり返し、弱めの中火で焼く。

4　好みの焼き加減になったら、ホイルなどをかぶせて火の近くにおき5分休ませる。ステーキで一番大切なのは、ここ。

5　アンディーブを縦2つ割りにする。フライパンにバターを熱し、中火で、アンディーブの切り口を下にして焼く。焼き色がついたら裏返して、さらに焼く。レモン汁、砂糖ひとつまみを加えてキャラメル状の焦げ目を少しつける。

6　お皿にステーキを盛りつけ、粗挽き黒こしょうをふりアンディーブを添え、マスタードを添える。

肉汁は皿に流してしまうのではなく、肉の中にキープして、口の中で溢れさせます。そのためには「肉はルポゼ（休ませる）」が鉄則。冷めないようにコンロ脇の温かい皿の上で休ませます。さて、その間につけあわせを！

Recette 26

まぐろとアボカドのタルタル

ひとり分なら、お買い得の切り落としパックが最適
ハーブや香味野菜を効かせて、ワイン片手に味わおう

◆ 材料（ひとり分）

まぐろの切り落とし … 80ｇ
赤玉ねぎのみじん切り … 大さじ1
ケーパー … 小さじ1
オリーブオイル … 小さじ2
バルサミコ酢 … 小さじ1

アボカド … 1/2個
ライム　または　レモンの絞り汁 … 少々
ディルの粗みじん切り … 1枝分
塩、こしょう

作り方

1　まぐろは包丁で粗くきざむ。赤玉ねぎは水にさらした後、水気を絞る。ケーパーは粗く刻む。

2　ボウルに**1**のまぐろ、赤玉ねぎ、ケーパー、オリーブオイル、バルサミコ酢、塩、こしょうを加え混ぜる。

3　アボガドはスプーンなどでくりぬいてつぶし、ライム汁、塩、こしょう少々を加え混ぜる。

4　皿にセルクルをのせ、**3**→**2**の順に入れて抜き、ディルを飾る。焼いたバゲットなどを添えて。セルクルがない場合には、お皿の中央にアボガドディップ、まぐろの順に重ね合わせる。

まぐろはたたいてしまうので、切り落としで十分。タルタルに向く上質な赤身が廉価で手に入ります。

🍷 ワインを合わせるなら……
赤身のまぐろには赤ワインを。サントネイ、ヴォルネイなどエレガントなピノノワールを。

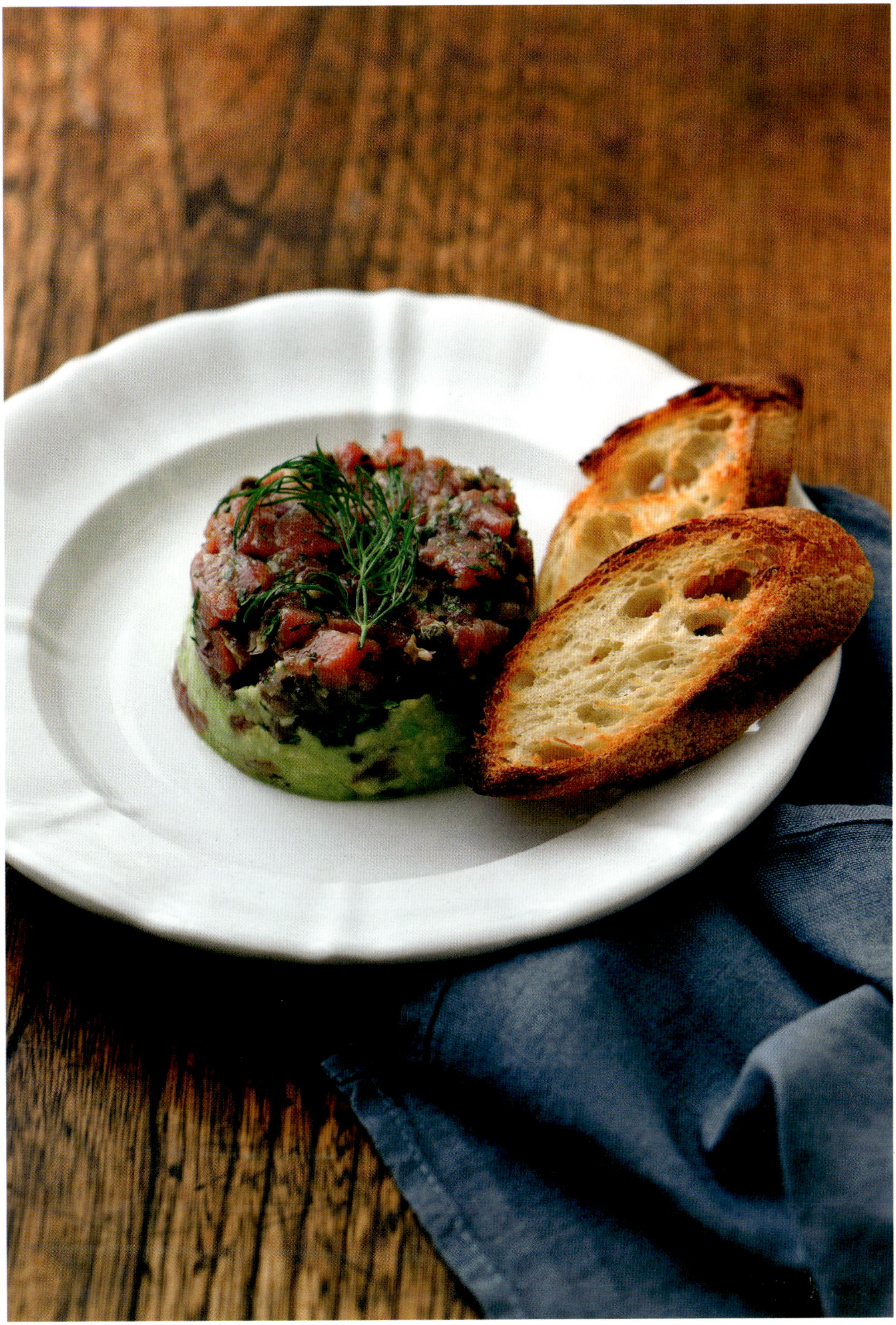

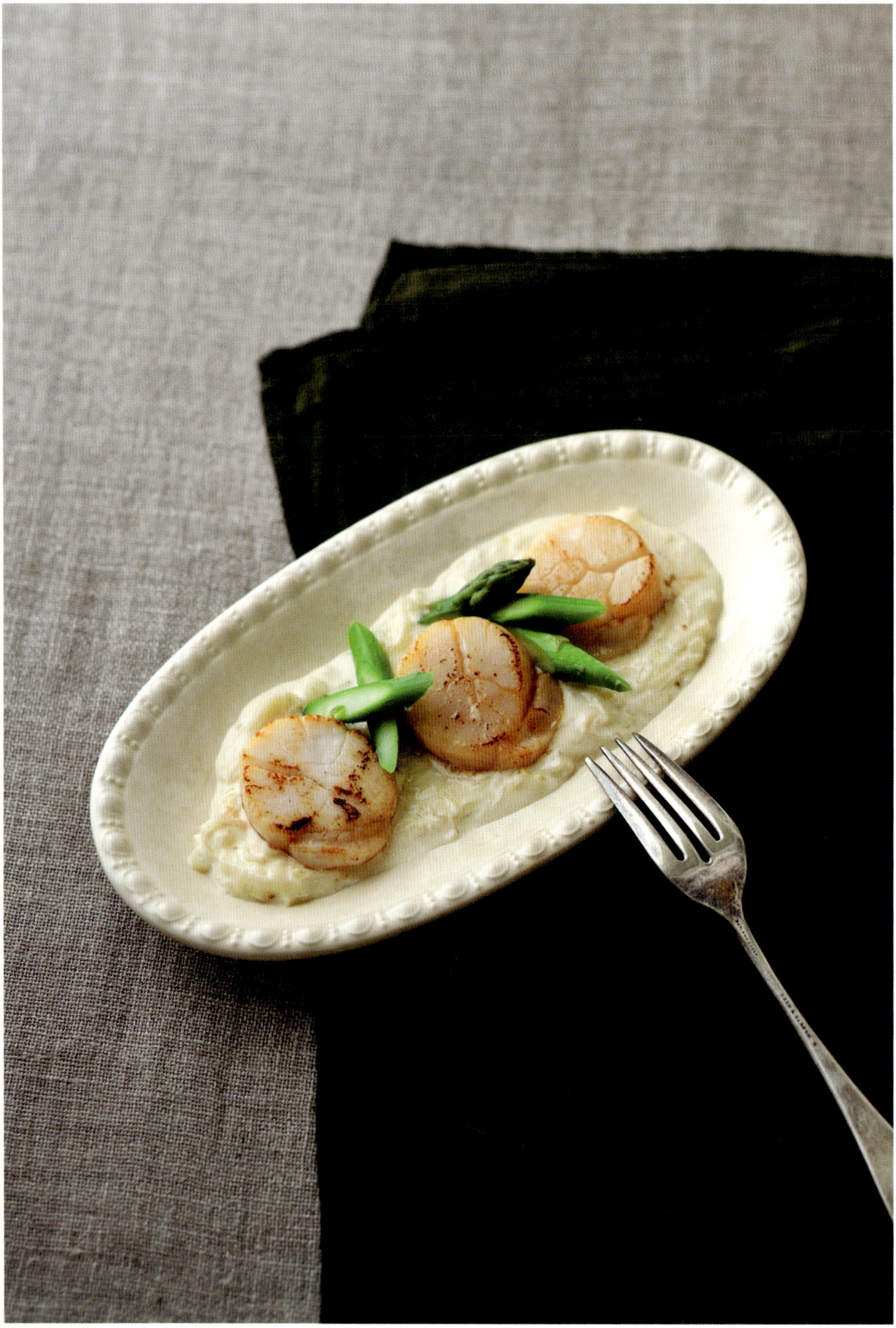

Recette **27**

帆立のポワレ 長ねぎソース

長ねぎの甘味と香味、白ワインの酸味の効いたソースが帆立との相性抜群。帆立はくれぐれもレアに焼き上げて

◆ 材料（ひとり分）

長ねぎ … 10センチ	生クリーム … 1/4カップ
アスパラガス … 1本	帆立貝の貝柱 … 3個
白ワイン … 1/4カップ	バルサミコ酢 … 小さじ1/2
	バター、塩、こしょう

作り方

1　長ねぎは小口切りにする。アスパラガスは根元を切って堅い皮を剥き、2センチ幅に斜め切りにし、塩を加えた湯でさっと茹でる。

2　長ねぎソースを作る。鍋にバター小さじ2を熱し、長ねぎに塩少々をふり、弱火で焦がさないようにしんなりとするまで炒める。白ワインを加えて水分が1/4量程度になるまで煮詰める。生クリームを加えてとろりとするまで煮たら、火を止めてバター大さじ1を加え混ぜ、塩、こしょうを加え混ぜる。

3　帆立は水気を拭き、塩少々をふる。フライパンにバター小さじ2を熱し、バターがふわっとして、泡が消えかかったところで、帆立を加える。強火で焼き色がついたら返して、裏側はさっと焼く。中がレアになるように仕上げる。

4　皿に**2**のソースを敷き、焼いた帆立をのせ、**1**のアスパラガスをのせる。

長ねぎソースは、ねぎを炒める時と生クリームを入れてから仕上げにもバターを。コクとまろやかさが出ます。

鰆のラタトゥイユソース

Recette 28

タイムの香りをまとって焼いた鰆には
歯ごたえを残してさっと煮た夏野菜をたっぷりどうぞ

◆ 材料（ひとり分）

鰆（すずき、鯛などでも）… 1切れ

[ラタトゥイユソース]
- ミニトマト … 1パック
- ズッキーニ … 1/2本
- なす … 1本
- 玉ねぎ … 1/2個
- パプリカ … 1/2個
- オリーブオイル … 大さじ1強
- にんにく … 1個
- 赤唐辛子 … 1本

オリーブオイル、塩、こしょう

作り方

1　魚には塩をふって15分ほど置いておく。

2　ラタトゥイユソースを作る。（ソースに使うのはこの1/4量程度ですが、このまま食べてもおいしいので、多めに作っておきます。）ミニトマトはヘタを取り、半割りに。ズッキーニ、なすは1センチ厚さの半月切り、玉ねぎは薄切り、パプリカは2センチ角に切る。にんにくは半割りにして、芽をとってつぶす。赤唐辛子は半分に切り、種をとる。

3　フライパンにオリーブオイル大さじ1強とにんにく、赤唐辛子を入れて熱し、良い香りがしてきたら玉ねぎを加えしんなりとするまで炒め、なす、ズッキーニ、パプリカの順に塩をふって3〜4分炒める。

4　ミニトマトを加え、フタをして3分ほど煮る。塩、こしょうで調味する。

5　フライパンにオリーブオイル小さじ2とタイムを熱する。1から出てきた水気を拭き、皿にのせた時に表になる方を下にして中火で焼く。焼き色が表についたら、火を弱めて、フライパンを時々ゆすりながら焼く。表が8割程度焼けたら、返して反対側も焼く。

6　皿に盛り、ラタトゥイユソースを添え、タイムをのせる。

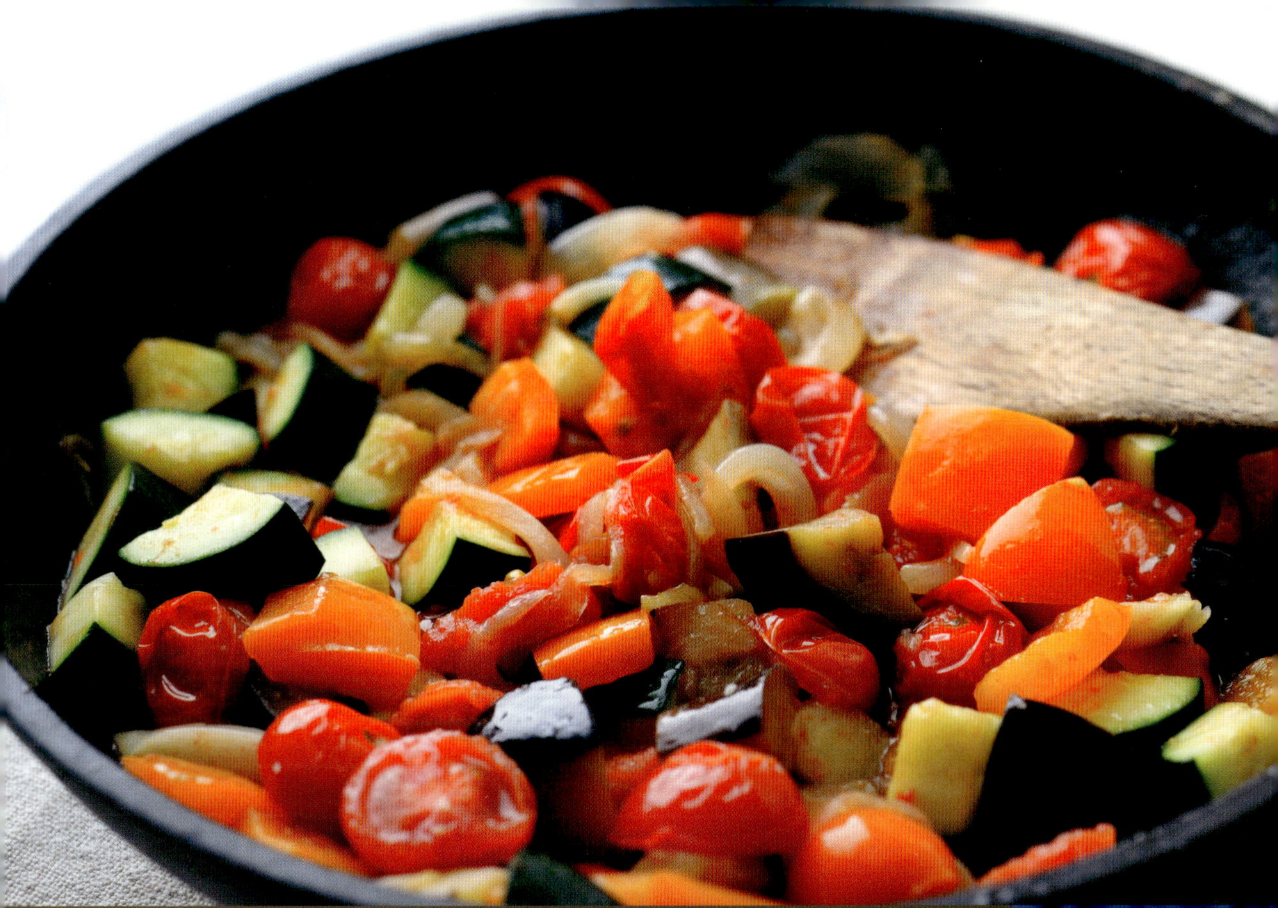

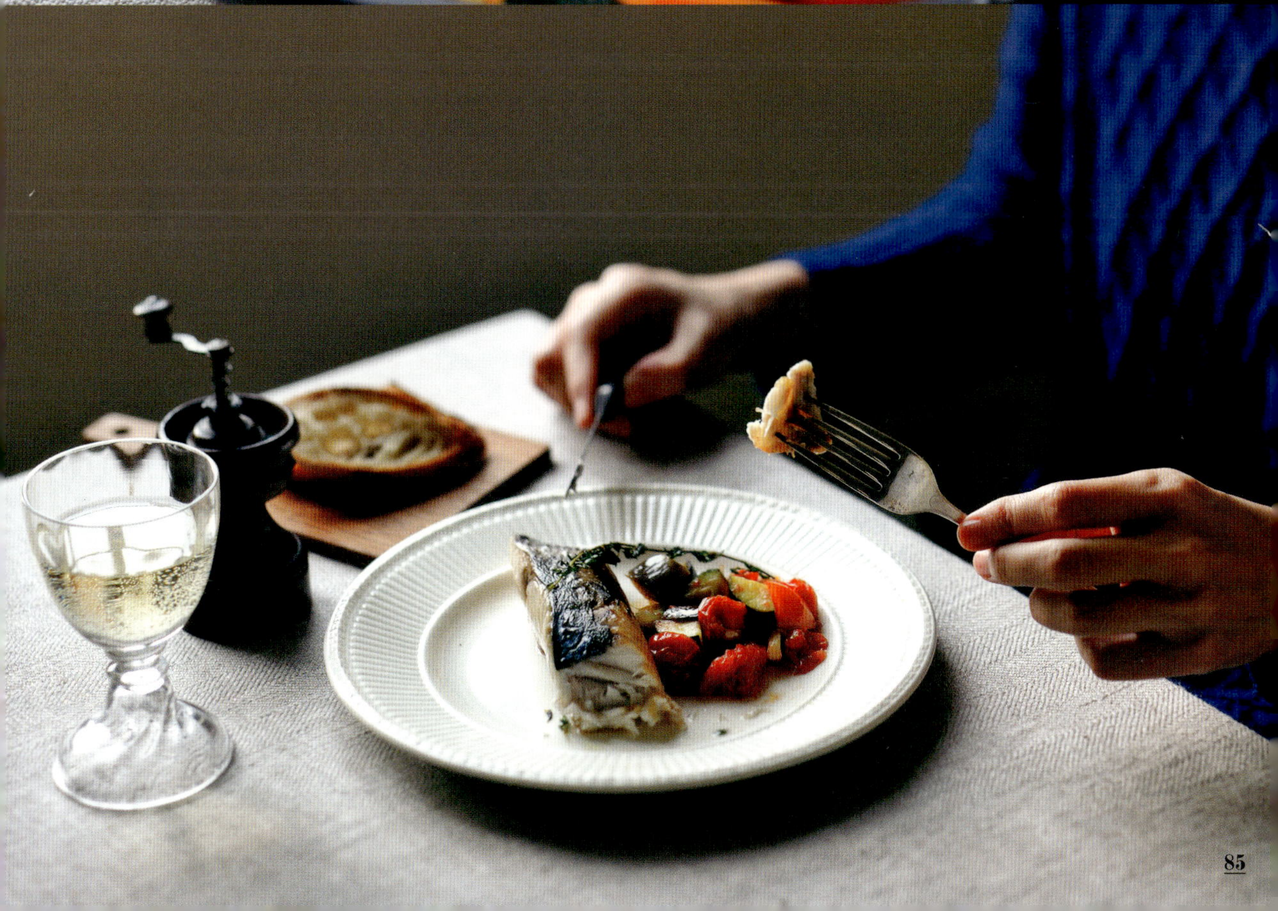

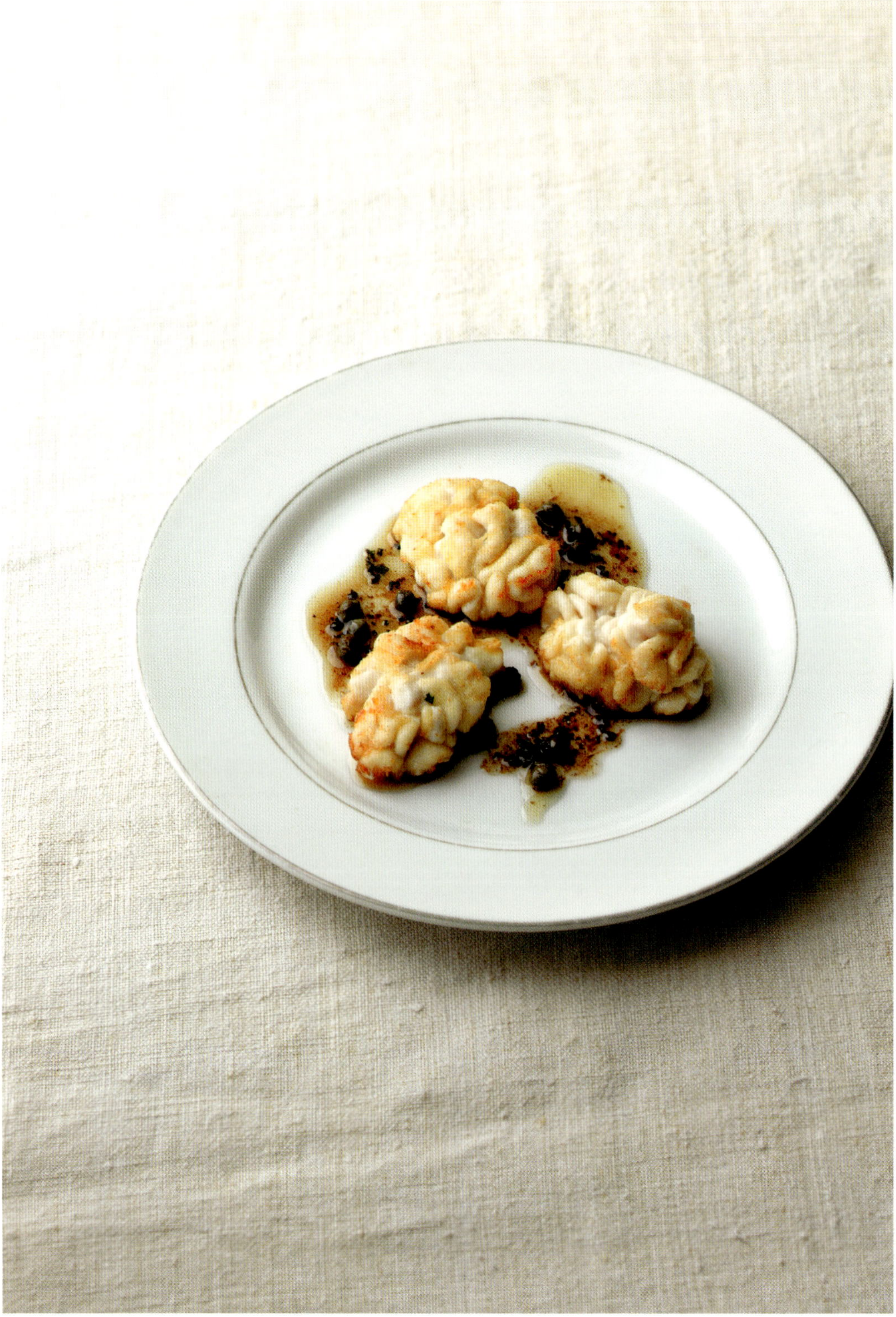

白子のムニエル
焦がしバターソース

表面はかりっと香ばしく、中は熱々とろりと焼こう
酸味を効かせたソースが、濃厚な白子を引き立てる

Recette 29

♦ 材料（ひとり分）

たらの白子 … 約120g
小麦粉 … 適量
バター … 大さじ1

[焦がしバターソース]
バター … 20g
バルサミコ酢 … 小さじ2
レモン汁 … 小さじ1
ケーパー … 小さじ1
青ねぎ … 1本

塩、こしょう

作り方

1 たらの白子は塩を多めにふりかけてしばらく置いたのち、水洗いをする。水気をよく拭き、3〜4等分にキッチンばさみで切る。

2 焼く直前に塩をふり、小麦粉を全体にまぶす。

3 フライパンにバター大さじ1を熱し、泡がふわっと立ってきたら、2を加えて中強火で表面をこんがりとするように短時間で焼き、取り出す。

4 焦がしバターソースを作る。3のバターをキッチンペーパーで拭き、新たにバターを加える。泡がふわっと立って、泡がなくなってきたら、火を止めてバルサミコ酢とレモン汁、ケーパー、みじん切りにした青ねぎ（小口切りではなく）塩、こしょうを加える（P.88-89）。

5 4を皿に敷き、3をのせる。

焦がしバターソースの作り方

Début ⟶

achèvement!

焦がしバターのソースはタイミングが大切。バターがふわっとして、泡が消えてきたところがブール・ノワゼットと呼ばれるきつね色のバターの状態。こうすることで、バターは香ばしくなり、油っぽいものではなくなります。バターの焦げが進まないように、素早く調味料を入れて温度を下げてください。仕上げは火から外して、ぬれ布巾の上でフライパンの温度を下げてもよいでしょう。

かじきの
トマトバターソース

Recette 30

しっとりと焼き上げたかじきは、極上のおいしさ
バターの風味とトマトの酸味をまとわせて

◆ **材料（ひとり分）**

かじき … 1切れ
トマト … 小1個
ケーパー … 小さじ1
レモン汁 … 小さじ1
イタリアンパセリみじん切り … 小さじ1
イタリアンパセリ … 飾り用
オリーブオイル … 小さじ1
バター、塩、こしょう

作り方

1 かじきは塩をふる。トマトは湯剥きし、種とそのまわりを取ってざく切りする。ケーパーは粗く刻む。

2 フライパンにオリーブオイル、バター各小さじ1を熱してかじきを焼く。焼き油をかけながら中火で焼き、表に焼き色がついたら、返して裏側は30秒ほど焼き、取り出す。かじきは火が通りやすくパサつきがちなので、余熱で火を通すようにする（a、b）。

3 フライパンをきれいにし、バター20gを加え香ばしくなるまで熱す。泡が立ち、消えかかってきたところに1のトマトを加える。トマトがとろりとしたら、レモン汁、ケーパー、イタリアンパセリを加え、塩、こしょうで味をととのえる。

4 器にかじきを盛り、3のソースをかけ、イタリアンパセリを飾る。

パサつきがちなかじきは、「アロゼ」という、焼き油をまわしかけながら焼く方法で調理をする。こうすることで、しっとりと焼き上がる。かなり火の通りが良い魚なので、9割程度に火入れし、余熱で火を入れることも忘れないで。

91

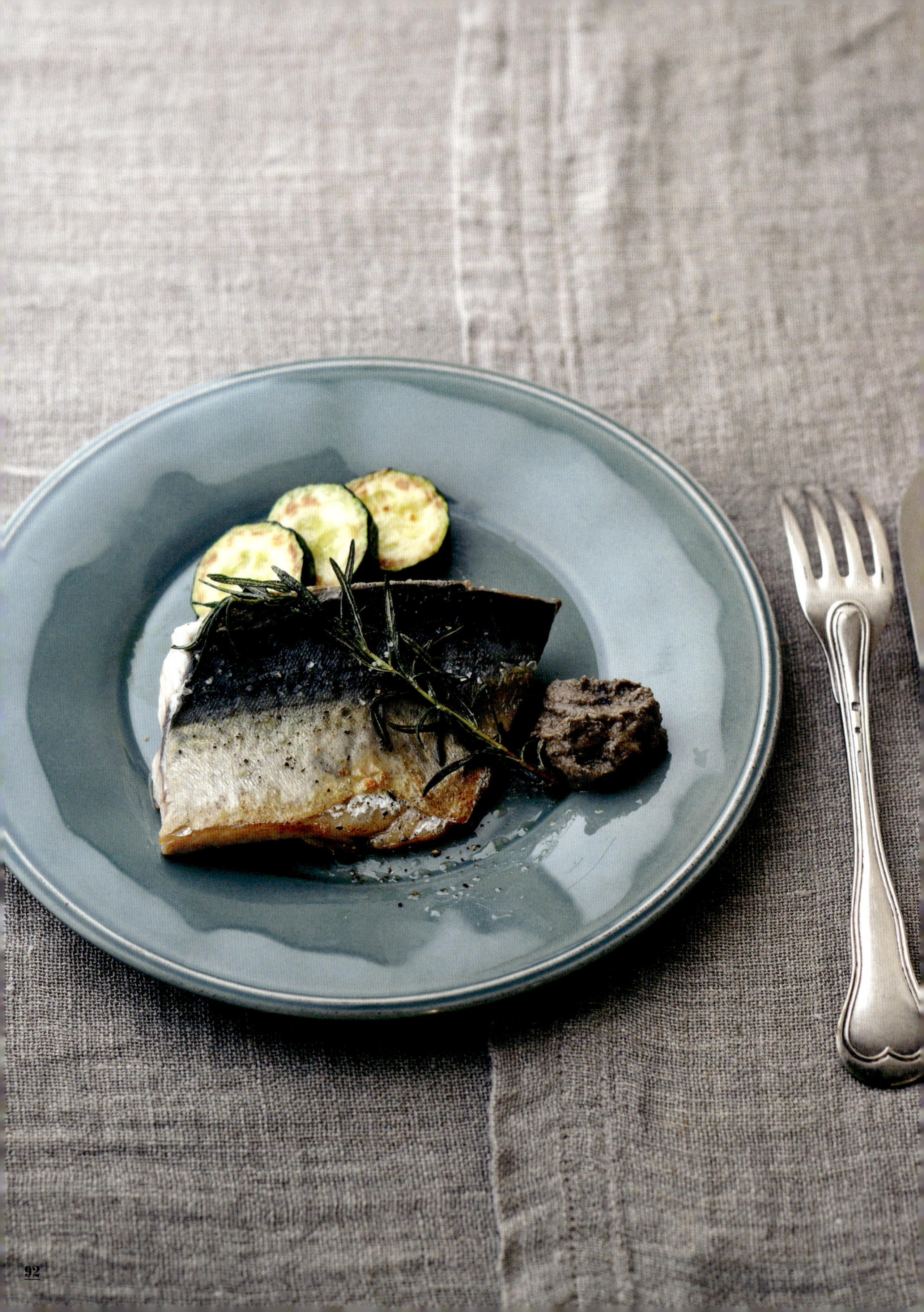

Recette **31**

鯖のハーブ焼き タプナードソース

常備菜になるソースのタプナード
これさえあれば、焼くだけでほら、メインができた!

◆ 材料（ひとり分）

[タプナードソース]（作りやすい最低量）
- 黒オリーブ（種抜き または種を抜いて）… 100g
- アンチョビ … 2枚
- ケーパー … 小さじ1/2
- にんにく … 1/2個
- オリーブオイル … 大さじ4
- レモン汁 … 小さじ1
- こしょう … 少々

鯖 … 1切れ
ズッキーニ … 1/4本
ローズマリー … 1枝
オリーブオイル、塩、粗挽き黒こしょう

作り方

1 タプナードソースを作る。黒オリーブは種を取り、そのほかの材料と一緒にフードプロセッサー、またはミキサーになめらかになるまでかける。2週間程度保存可能。

2 鯖は塩をふって15分置き、出てきた水気を拭く。

3 フライパンにオリーブオイル小さじ1を熱し、ズッキーニに塩をふって焼き、取り出す。同じフライパンにオリーブオイル小さじ1、ローズマリーを加えて熱し、鯖を皮目から焼く。こんがりと焼き色がついたら火を少し弱めて焼き、8割程度焼けたら、返して反対側も焼く。

4 器に鯖、ズッキーニを盛り、タプナードソースを添える。

タプナードソースはプロヴァンスの定番ペースト。パンにつけて食べるほか、肉、魚のソースとして便利な常備菜。魚ではとりわけ、鯖や秋刀魚などの青魚によく合う。

Recette 32

金目鯛のブイヤベース風

ひと切れの魚の切り身を南仏風の魚料理に仕上げるのは
鼻腔をくすぐるタイムとサフランの香り

♦ 材料（ひとり分）

サフラン … ひとつまみ	金目鯛 … 1切れ
水 … 1カップ	ミニトマト … 4個
あさり … 150g	タイム … 2枝
海老 … 3尾	オリーブオイル、塩、こしょう
白ワイン … 大さじ2	

作り方

1　サフランは刻んで水につけておく。あさりは塩水につけて砂抜きし、海老は背わたをとる。

2　鍋にあさり、白ワインを入れて火にかける。

3　あさりの口が開いたら取り出し、1のサフラン水を加えひと煮たちさせ、金目鯛、海老、ミニトマト、タイムを入れて弱火で3〜4分加熱する。

4　あさりを戻し入れ、塩、こしょうで味をととのえ、仕上げにオリーブオイルを回しかける。

鍋に残った煮汁に水適量を加え、さっと洗った残りごはんを加えて、塩、こしょうで調味してリゾットに。仕上げにオリーブオイルを回しかけ、レモン汁を絞る。

マスタードと生クリーム

マスタード

　フランスのマスタードには大きく分けて、2種あります。ひとつは日本でも人気の高い粒マスタード。辛みは控えめで、ソーセージやポトフに添えられます。そして、ディジョンマスタード。フランスでマスタードといえば、これです。ワイン、またはワインヴィネガーを加えて、からしの種の皮を取り除いたもの、これこそが伝統的なディジョンマスタードです。ディジョンというのは、ブルゴーニュ地方にあるマスタードの有名な産地ですが、種子の入ったものは、ディジョン産のものでも、moutarde a l'anciennne「昔風マスタード」と表記され、ディジョンマスタードとは言いません。フランスで最も多く使われるマスタード、カフェのテーブルに置かれているのは、このディジョンマスタードです。和がらしのように鼻に抜けるような辛みはなく、酸味が特徴。調味料としては、辛みよりも、酸味が加わると考えて料理をします。ヴィネグレットソース、ステーキやフリットにはなくてはならない存在。ソースに使うほか、たっぷりマスタードを加えて煮る伝統的な煮込み料理もあります。

生クリーム

　動物性と植物性の生クリームがありますが、動物性のものを使ってください。バターとマーガリンのような関係で、味が全く違います。フランスでは、クレームフレッシュと呼ばれるものを料理に使いますが、サワークリームに近い、酸味のしっかりあるもの。日本でも購入できますが、手に入りにくいので、生クリームを使います。ですからソースを作る時には、酸味を加えてあげるのがポイント。白ワインやヴィネガーを煮詰めたところに生クリームを加えることで、バランスのとれた味わいになります。スーパーに行くと、さまざまな濃度の生クリームが並んでいますが、30％〜38％くらいのものは、バランスがよく、どんな料理にも使えます。濃度が低いものは泡立てにくいので、お菓子によっては向かないものもあります。40％〜47％は濃厚でクリーミー。少し煮詰めるだけで、コクのあるソースになります。料理に使う場合には手に入りやすいもので大丈夫。濃度が低めのものは、少し長く煮詰める。濃度が高いものは逆に煮詰めすぎないようにし、場合にはよっては牛乳を足して、濃度を調整するなどして使います。

Colonne

フレンチはワインと一緒に

料理とワインがあれば、料理もワインもおいしくなります。ワインだけ飲むより、料理だけ食べるより、それだけでおいしくなるなんて、なんて素敵なことなのでしょうか。
その相性がよければ、そのおいしさは何倍にもなるから不思議。

赤と白　*Rouge et blanc*

　料理とワインの合わせ方の基本は、共通点を多く持つものを合わせること。人と同じで、似た者同士は相性が良いもの。
　ワインの色で言えば、白っぽい料理には、白ワイン。色が濃いものには赤ワインを合わせます。風味や質感を合わせるのも大切。ハーブをたっぷり使った野菜料理には爽やかな白ワイン。スパイシーな牛肉煮込みならば、こしょうやスパイスが香るようなフルボディの赤を選びます。やわらかい食感の食べ物ならば、きりっとしたワインではなく、やさしい味わいのワイン。炭火で焼いたジビエならば、樽の風味のある高級赤ワインを合わせたら、至福。

シャンパーニュ　*Champagne*

　ひとりの時だって、泡が飲みたい。飲みたい時は飲んじゃいましょう。ハーフサイズや1/4サイズだってありますし、飲みきれないかもしれないけれど、いっそフルボトルにしてしまってもいいと思います。
　瓶の中で熟成をするワインやシャンパーニュは小さいボトルのものより、大きい瓶の方がどうしても味が良いことになります。値段だって、割高なので、何だか悔しいのです。残ってしまって、泡が抜けてしまっても、ワインとして十分においしい。ということだってあります。シャンパンストッパーがあれば、次の日までは大丈夫。

ロゼ　*Rosé*

　ワインがロゼであるというだけで、ただそれだけで華やか。ロゼはロゼ。ロゼだけの持つ特権があります。日曜日の午後が似合う。お天気が似合う。外で食べる食事に似合う。春も似合うし、初夏も似合う。フレンチもいいけど、和食にも合う。ロゼが1本あればそれでいい。パテやハム、大好きな豚肉料理とはこの上ない相性。香菜をたっぷり使ったようなエスニックテイストのフレンチにだってよく合う。ロゼがあるだけで、気分も上がります。

97

ひとり分レシピを
2人分、4人分にするには

　野菜や肉、魚などの素材は×2、×4と人数分増やせばよいのですが、調味料や水分量はそのまま増やすと味が濃くなったり、煮込む料理は水分が多い仕上がりになってしまいます。調味料、水分量は×人数分×2/3量を目安に作ってみてください。例えば、ひとり分で白ワイン大さじ3のレシピのものを2人分にするならば、×2人分×2/3量で、大さじ4となります。4人分ならば、大さじ8ですが、作る量が多くなればなるほど、調味料は少なめにするといいでしょう。これを目安にして、味と水分量を見ながら調整してみてください。

　お鍋やフライパンのサイズも、作る分量によって大きくすることが必要です。小さめのフライパンにギュウギュウに入れてしまうと、素材の水分が飛ばず、カリッと焼き上げることができなかったりします。

　逆に、4人分、2人分のレシピをひとり分にする場合には、調味料、水分の量を多めにすることになります。÷人数分×1.5を目安に。煮込みなどの水分は煮詰まったら、足す。ということを繰り返してもいいでしょう。濃い味をつけてしまうと調整がきかないので、まずは少なめにして、味見をしながら、作ってみてください。

Part 3
もう一品加えたい、アレンジひと皿

チーズやドライフルーツなどをアレンジして、
簡単に作れるおつまみひと皿。

ハムのリエット

ひよこ豆の
ディップ

アンチョビと
バジル入りオリーブ

かぶとラディッシュの
塩バター

ハムのリエット

Recette 33

火を使わないでつくる簡単リエット
ディルを添えて、パンに塗ったり、サンドイッチに

◆ 材料（作りやすい分量）
ロースハム … 100g
バター … 30g
生クリーム … 大さじ5
白ワイン … 大さじ1
塩、こしょう

作り方

1　バターは室温に戻してやわらかくしておく。

2　ロースハムを粗く刻み、材料すべてをフードプロセッサーにかけてなめらかにする。

ひよこ豆のディップ

Recette 34

ベジタリアンにも人気のフムスという名のディップ
レモン汁とクミンを効かせて爽やかに。豆好きにうれしい料理

◆ 材料（作りやすい分量）
ひよこ豆の茹でたもの
または
缶詰など … 100g

A
| オリーブオイル … 大さじ2
| レモン汁 … 大さじ1/2
| 練りゴマ … 小さじ1
| にんにくのすりおろし … 少々
| 塩、こしょう
クミンシード　　適量

作り方

1　ひよこ豆はAの材料とともにフードプロセッサーにかけ、なめらかにする。

2　器に入れて、オリーブオイル適量をまわしかけ、クミンシードをふる。

アンチョビとバジル入りオリーブ

Recette **35**

バジルを詰めたら、いつものオリーブが突然にフレッシュ！
アンチョビの塩気で止まらないおいしさに

◆ 材料（ひとり分）

アンチョビフィレ … 4枚
バジル … 3枚
種抜きオリーブ … 12粒

作り方

1　アンチョビフィレは3等分に、バジルは小さめにちぎる。

2　種抜きのオリーブにアンチョビとバジルを竹串で詰める。

かぶとラディッシュの塩バター

Recette **36**

ラディッシュのフランス式食べ方といえば、これ。
おいしいバターにおいしい塩で、気の置けないひと品に

◆ 材料（ひとり分）

無塩バター … 20g
塩（フルール・ド・セル）… 小さじ1/4
かぶ … 1個
ラディッシュ … 1束

作り方

1　無塩バターにフルール・ド・セルを加え混ぜる。

2　かぶ、ラディッシュを添え、**1**のバターをつけて食べる。

焼きかぶ
モンドールのせ

鴨の燻製
ラズベリーソース

ツナとケーパーのサラダ

ブルーチーズとはちみつの
タルティーヌ

焼きかぶ　モンドールのせ

Recette **37**

フランスでもいまや注目を集める日本のかぶ
ソテーをしたら、熱々のうちにチーズをのせてぱくり

◆ 材料（ひとり分）

かぶ … 1個
オリーブオイル … 小さじ1
チーズ（モンドールなど）… 好きなだけ

作り方

1　かぶは皮付きのまま、1センチ幅の輪切りにする。

2　フライパンにオリーブオイルを熱し、1を両面焼き色がつくまで焼き、モンドールチーズを添える。合わせるチーズはカマンベールチーズ、山羊のチーズなど好みのものでよい。

鴨の燻製　ラズベリーソース

Recette **38**

市販品にはソースを添えて、気分を上げよう
ベリーソースはチキンソテーやゆで豚などの肉料理にも万能

◆ 材料（ひとり分）

A
| ラズベリージャム … 大さじ1
| バルサミコ酢 … 大さじ1
| 赤ワイン … 大さじ1
| しょう油 … 大さじ1/2
| 水 … 大さじ2

バター … 小さじ1
市販の鴨の燻製 … 適量
粗挽き黒こしょう

作り方

1　小鍋にAの材料を全て入れ、半量になるまで煮詰める。

2　火を止めて、バターを加える。

3　鴨の燻製にソースをかけ、粗挽き黒こしょうをふる。

ツナとケーパーのサラダ

Recette 39

ツナ缶なら、加えるものを少しひとひねり
ケーパーと黒こしょうを効かせて大人のツナサラダに

◆ 材料（ひとり分）

セロリ … 1/2本
ツナ缶（オイル漬け）… 小1缶
マヨネーズ … 大さじ1
レモン汁 … 少々
ケーパー … 小さじ2
塩、粗挽き黒こしょう

作り方

1　セロリは1センチ幅の斜め切りにする。筋はとらなくてよい。

2　塩を加えた湯で、1を30秒ほど茹で、冷水にとる。よく水気を拭く。

3　ツナ缶は油を切り、マヨネーズ、レモン汁、ケーパーを加え混ぜる。1と和えて、粗挽き黒こしょうをふる。

ブルーチーズとはちみつのタルティーヌ

Recette 40

焼いているそばから香りだけで飲めてしまうような
シンプルタルティーヌ。桃や洋梨などフルーツをのせても

◆ 材料（ひとり分）

バゲット薄切り … 2枚
ブルーチーズ（ブルードーヴェルニュなど）… 15g
はちみつ … 小さじ2

作り方

バゲットにブルーチーズをほぐしてのせ、はちみつをかけ
オーブントースターでこんがりするまで焼く。

マロンクリーム　　　　　　　　なつめバター

アニス酒風味のアフォガード　　　いちごのアマレット風味

マロンクリーム

Recette 41

ほんのりお酒が香る栗のデザート
混ぜるだけで、このおいしさ
食べ過ぎちゃいそうなのが、たまにきず

◆ 材料（ひとり分）

マロンペースト（加糖タイプ）… 50g
生クリーム … 1/4カップ（乳脂肪分45％程度のもの）
ブランデー（ラム酒）… 小さじ1/2

作り方

1　ボウルにマロンペーストを入れ、生クリームを3回に分けて加える。最後は泡立て器でふんわりさせるようにして混ぜる。

2　ブランデーを加える。ビスケットやブリオッシュ、マロングラッセなどを添えて。

なつめバター

Recette 42

ただ、はさむだけなのに、極上の味
なつめは乾燥しすぎていない、しっとりとしたもの
バターはおいしい発酵バターを選んで、至福の甘味

◆ 材料（6個分）

干しなつめ … 6個
無塩バター … 30g
くるみ … 3粒

作り方

1　干しなつめは種をとり除く。無塩バターはなつめの大きさに合わせて棒状に切る。

2　種のあった部分にバター、半分に割ったくるみをのせる。

アニス酒風味のアフォガード

Recette **43**

フランスの親父達が愛飲するアニス酒は
少々癖の強い、手強いお酒だけれど
アフォガードに入れたら、洗練された印象に

◆ 材料（ひとり分）
バニラアイスクリーム … 適量
エスプレッソ … 1杯分
アニス酒（パスティス、ペルノー、リカールなど）… 小さじ2

作り方

器に入れたアイスクリームに熱いエスプレッソを注ぎ、
アニス酒を加える。

いちごのアマレット風味

Recette **44**

食後のデザートのためのフルーツは
リキュールを効かせるとうれしい味になる
ふりかけるだけで、華のあるデザートに

◆ 材料（ひとり分）
いちご … 8粒
アマレット … 大さじ1
マスカルポーネチーズ
または 水切りヨーグルト … 適量

作り方

1　いちごは半割にして、アマレットをふりかける。

2　マスカルポーネチーズ、または水切りヨーグルトをのせる。

Profile

平野由希子
Yukiko Hirano

料理研究家、J.S.A（日本ソムリエ協会）認定ワインアドバイザー。料理研究家としての活躍にとどまらず、東京・大井町にてワインバー「8huit.ユイット」、根津にて焼き鳥＆ワインの店「76 vin（ナナジュウロクバン）」を経営するなど、多方面で活躍中。

撮影	長谷川 潤
デザイン	岡本佳子（kahito commune）
スタイリング	岩﨑牧子
構成	森田有希子、吉田 圭
企画	牧野貴志
進行管理	中川通、渡辺塁、編笠屋俊夫（辰巳出版）

ひとり分から、ちゃんとおいしい
フレンチの本

平成26年2月15日発行　初版第1刷発行

著者	平野由希子
発行人	穂谷竹俊
発行所	株式会社日東書院本社
	〒160-0022
	東京都新宿区新宿2丁目
	15番14号　辰巳ビル
	TEL:03-5360-7522(代表)
	FAX:03-5360-8951(販売部)
ホームページ	http://www.tg-net.co.jp/
印刷所	共同印刷株式会社
製本所	株式会社宮本製本所

◎定価はカバーに記載しております。
◎本書記載の写真、記事などの無断転用を禁じます。
◎落丁、乱調はお取り替え致します。小社販売部までご連絡下さい。

©Nitto Shoin Honsha Co.,Ltd.2014 ©Yukiko Hirano
Printed in Japan　ISBN978-4-528-01547-0　C2077